Ursel Scheffler · Betina Gotzen-Beek

Die Kinderbibel

cbj

cbj
ist der Kinder- und Jugendbuchverlag
in der Verlagsgruppe Random House

Verlagsgruppe Random House FSC® N001967
Das für dieses Buch verwendete FSC®-zertifizierte Papier *Profibulk*
von Sappi liefert IGEPA.

2. Auflage
Erstmals als cbj Taschenbuch Mai 2014
Gesetzt nach den Regeln der Rechtschreibreform
© Verlag Herder GmbH, Freiburg im Breisgau 2001
Alle Rechte dieser Ausgabe vorbehalten durch cbj Verlag, München,
in der Verlagsgruppe Random House GmbH
Umschlag- und Innenillustrationen: Betina Gotzen-Beek
Umschlaggestaltung: Basic-Book-Design, Karl Müller-Bussdorf,
unter Verwendung des Originalumschlags
MI · Herstellung: CZ
Satz: Lorenz & Zeller, Inning am Ammersee
Druck: Těšínská tiskárna, a. s., Český Těšín
ISBN: 978-3-570-22471-7
Printed in the Czech Republic

www.cbj-verlag.de

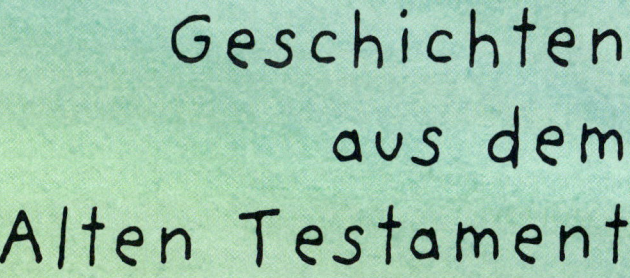

Geschichten
aus dem
Alten Testament

Die Schöpfung

Am Anfang schuf Gott Himmel und Erde. Aber auf der Erde war es noch finster.
Da sprach Gott: „Es werde Licht!", und es wurde hell.
Von da an gab es Tag und Nacht.

Ein riesiges Urmeer bedeckte die Erdoberfläche.
Daraus machte Gott festes Land mit Bergen und Tälern und die Ozeane.

Gott ließ auf dem Land die ersten Pflanzen wachsen.

Er schuf Sonne, Mond und Sterne.

Im Meer entstanden die ersten Wassertiere. Dann schuf er die Vögel.

Und schließlich die Tiere, die das Land bevölkerten. Gott sah sich um und fand,
dass alles gut geraten war.
Als Letztes schuf er den Menschen. Er sollte die Krone der Schöpfung sein und
sich um die Erhaltung der Welt kümmern.

5

Adam und Eva im Paradies

Die beiden ersten Menschen hießen Adam und Eva. Gott suchte für sie den
schönsten Fleck der Erde aus. Er lag in einem fruchtbaren Tal zwischen zwei
Flüssen. Es war ein riesiger Garten mit Blumenwiesen und schattigen Wäldern,
in denen viele Tiere lebten. Gott ließ Bäume und Sträucher wachsen,
die wohlschmeckende Früchte trugen, damit die Menschen etwas zu essen hatten.
Adam und Eva gaben den Tieren und Pflanzen Namen und den schönen Garten
nannten sie den Garten Eden oder das Paradies.
In der Mitte des Gartens waren zwei ganz besondere Bäume:
der Baum des ewigen Lebens und der Baum der Erkenntnis von Gut und Böse.
Gott zeigte Adam und Eva den Baum der Erkenntnis und sagte:
„Das ist der einzige Baum, von dem ihr keine Früchte essen dürft.
Wenn ihr davon esst, müsst ihr sterben!"

Einmal, als Adam und Eva in der Mitte des Gartens spazieren gingen, ließ sich eine Schlange aus den Zweigen des Baumes der Erkenntnis herunter und sagte: „Stimmt es, dass ihr von diesen herrlichen Früchten nicht essen dürft?"

„Wir dürfen alles essen. Gott hat gesagt, dass wir nur von den Früchten dieses einen Baumes nicht essen dürfen. Sonst müssen wir sterben."

„Wie schade, es ist der schönste Baum im ganzen Garten", sagte die Schlange.

„Ihr werdet sicher nicht von einer dieser herrlichen Früchte sterben! Im Gegenteil. Diese Früchte werden euch gut tun, denn sie machen klug."

Adam und Eva sahen sich an. Zu gern hätten sie einen von den verbotenen Äpfeln gehabt. Schon beim bloßen Ansehen lief ihnen das Wasser im Mund zusammen. So ist es oft: Wenn man eine bestimmte Sache nicht bekommen soll, dann wünscht man sie sich besonders.

Die Schlange sah Eva mit glitzernden Augen an und zischelte:

„Ich weiß schon, warum Gott nicht will, dass ihr von diesem Baum esst. Er will nicht, dass ihr so klug werdet wie er selbst."

„Wir dürfen von allen anderen Bäumen Früchte pflücken. Da macht es nichts, wenn wir von diesem einzigen Baum keine essen ...", entgegnete Eva ein wenig unsicher.

„Hab ich mir's doch gedacht", sagte die Schlange und glitt ein Stück näher heran. Jetzt sah Eva ihren langen schillernden Leib, der sich durch die Äste schlängelte.

„Was hast du dir gedacht?", erkundigte sich Eva neugierig.

„Dass du zu feige dazu bist!"

„Das ist doch Unsinn", sagte Eva. Sie ging zögernd auf den Baum zu.

Am Ende hatte die Schlange recht? Vielleicht machten die Äpfel wirklich klüger? Und feige? Nein, feige war sie nicht!

Eva pflückte rasch einen Apfel und biss hinein.

Er schmeckte köstlich. Sie gab ihn an Adam weiter.

Der biss ebenfalls ein Stück davon ab. Die Schlange
hatte recht, es war wirklich ein besonders schmackhafter
und saftiger Apfel! Dann sahen sich Adam und Eva an
und bemerkten zum ersten Mal, dass sie splitternackt waren!
Sie schämten sich deswegen. Verlegen sahen sie sich um,
womit sie sich bekleiden könnten. Adam riss einige von
den großen Blättern des Feigenbaumes ab, der in der
Nähe stand. Sie machten sich Schürzen daraus. Jetzt fühlten
sie sich besser.
Als Gott in der Abenddämmerung durch den Garten Eden
ging, fürchteten sich Adam und Eva vor ihm. Weil sie vom
Baum der Erkenntnis von Gut und Böse gegessen hatten,
wussten sie ja jetzt, dass sie etwas Unrechtes getan hatten:
Sie hatten Gottes Gesetz gebrochen.
Das einzige Gesetz, das er ihnen gegeben hatte!

Daher hatten sie ein schlechtes Gewissen und versteckten sich zwischen den Büschen. Gott rief: „Adam, wo bist du? Warum läufst du vor mir davon?"

Verlegen antwortete Adam: „Ich — ich habe mich versteckt, weil ich nackt bin!"

„Woher weißt du das? Hast du vom Baum der Erkenntnis gegessen?"

„Eva ist schuld. Sie hat mir den Apfel vor die Nase gehalten", verteidigte sich Adam.

„Die Schlange ist schuld. Sie hat gesagt, dass man klüger wird, wenn man von dem Baum isst", rechtfertigte sich Eva.

Da wurde Gott sehr zornig und rief:

„So habt ihr den Worten der bösen Schlange mehr Glauben geschenkt als mir?"

Er verfluchte die Schlange und sagte zu ihr: „Du sollst dein Leben lang auf dem Bauch kriechen und Erde essen. Die Menschen werden dich mit dem Fuß zertreten und du wirst sie in die Ferse beißen."

Gott strafte Adam und Eva für ihren Ungehorsam. Er verjagte sie aus dem Paradies.

Die Menschen sollten jetzt selbst sehen, wie sie mit dem Leben fertig werden! Sie sollten Arbeit, Not und Tod kennenlernen.

Ein wenig Mitleid hatte Gott aber doch mit Adam und Eva. Er gab ihnen Fellkleider, damit sie nicht allzu sehr froren.

Dann führte er sie zu einem steinigen Acker mit Dornen, Disteln und Unkraut und sagte:

„Darauf sollt ihr Getreide und Feldfrüchte anbauen, damit ihr nicht verhungert! Und später sollt ihr auch eure Kinder davon ernähren, die Eva unter Schmerzen auf die Welt bringen wird."

Vor die Tür des Paradieses aber setzte Gott Engel mit blitzenden Flammenschwertern. Die bewachten den Eingang, damit Adam und Eva nicht zurückkommen konnten, um vom Baum des ewigen Lebens zu essen.

Kain und Abel

Das Leben außerhalb des Gartens Eden war hart.
Adam und Eva mussten schwer arbeiten, um zu
überleben. Adam legte einen Acker an, auf dem
er Getreide und Gemüse pflanzte, und er
züchtete Schafe und Ziegen. Und dann
geschah etwas, was beiden wie ein Wunder
vorkam. Eva bekam ein Kind. Es war ein Junge.
Sie nannten ihn Kain.
Kain wuchs rasch heran. Er lernte laufen und
sprechen. Später schenkte Gott Adam und Eva
noch einen Sohn. Den nannten sie Abel.
Kain war ein wenig eifersüchtig, dass er nun
nicht mehr das einzige Kind von Adam und Eva
war. Sobald die beiden Brüder groß genug waren,
halfen sie den Eltern auf dem Feld und
bei der Arbeit mit den Tieren.
Adam und Eva erzählten ihren Kindern von
Gott, vom Paradies und auch von der bösen
Schlange. Sie lehrten sie beten, und sie nahmen
sie mit zu dem Steinaltar, den sie am Rande des
Feldes aufgebaut hatten. Dort brachten sie
Ernteopfer, um Gott zu danken.
Kain wurde Bauer. Er arbeitete auf dem Feld und
pflanzte Gemüse und Getreide an. Abel wurde
Hirte und kümmerte sich um die Schafherde.

Die wurde immer größer, denn es wurden jedes
Jahr neue Schafe geboren.
Und auch Kains Ernte wurde immer reichlicher,
weil er immer mehr Land bearbeitete.
Eines Tages wollten Kain und Abel Gott auf dem
Feld ein Dankopfer bringen, wie sie es von den
Eltern gelernt hatten.
Kain suchte hastig ein paar Steine zusammen
und legte feuchtes Reisig darauf.
Er nahm eine Handvoll Korn und einige Früchte,
die schon angefault waren. Dann rieb er mit
einem Feuerstein und etwas Hanf die Flamme an.
Da kam ein starker Wind auf, der blies den
Rauch über das Feld und löschte das Feuer.
Abel jedoch baute einen schönen Altar. Er suchte
trockenes Feuerholz. Dann schlachtete er das
schönste von seinen neu geborenen Lämmern
und opferte es auf dem Altar. Er kniete nieder
und betete und dankte Gott für alles, was er ihm
geschenkt hatte. Für seine Eltern, seinen Bruder
und für seine jungen Lämmer. Der Rauch des
Opferfeuers stieg senkrecht in den Himmel.
Das bedeutete, dass Gott das Opfer gefiel.

Als Kain das sah, wurde er so eifersüchtig auf seinen Bruder wie nie zuvor. Er dachte: Gott zieht Abel vor. Alle ziehen Abel vor! Und er war so neidisch, dass er nachts nicht mehr schlafen konnte.

Kain verabredete sich mit seinem Bruder auf dem Feld. Dort begann er Streit mit ihm. Es kam zum Kampf. In seinem Zorn erschlug Kain seinen Bruder Abel. Als er sah, was er getan hatte, erschrak er sehr. Er lief weg und versteckte sich.

„Kain, wo ist dein Bruder Abel?", fragte Gottes Stimme. Kain erschrak.

„Weiß ich nicht", antwortete Kain trotzig. „Soll ich meines Bruders Hüter sein?"

Gott sprach: „Kain, ich weiß, was du getan hast! Das Blut deines Bruders schreit zum Himmel. Verflucht sollst du sein! Dein Acker soll dir von jetzt an keinen Ertrag mehr bringen. Wo immer du auch hingehst, du sollst keine Ruhe finden!"

Kain zog fort und wohnte von da an im Land Nod, das östlich von Eden lag.

Adam und Eva trauerten sehr. Nun hatten sie beide Söhne verloren. Da schenkte ihnen Gott noch einen Sohn, der hieß Set. Und weil Adam und Eva sehr alt wurden, bekamen sie danach noch viele Söhne und Töchter.

Noah baut eine Arche

Der alte Noah war ein geachteter Mann. Er hatte drei wohlgeratene Söhne.
Aber dann tat er etwas, was keiner in seinem Dorf verstand:
Auf dem Acker hinter seinem Haus baute er einen riesigen Holzkasten,
der wie ein Schiff aussah. Seine Söhne Sem, Ham und Jafet halfen ihm dabei.
Die Leute blieben stehen und machten ihre Späße. „Bist du verrückt? Willst du
mit dem Schiff über Land fahren, Noah?", rief einer, und ein anderer spottete:
„Am Ende ist es ein Wolkenschiff?" Eine Nachbarin tippte sich an die Stirn und
meinte: „Vielleicht ist der gute alte Noah seekrank im Kopf?"
„Ihr solltet lieber auch vorsorgen und Schiffe bauen, denn Gott wird eine große
Flut senden", sagte Noah.
Aber die Leute schüttelten bloß den Kopf und gingen weg. Sie glaubten Noah
nicht. Sie glaubten ja auch nicht an Gott. Sie beteten nicht und opferten nicht.
Sie führten ein gottloses Leben und dachten nur an sich und ihr Vergnügen.
So war es inzwischen überall auf der Welt. Wo man hinsah, breiteten sich Betrug,
Verbrechen und Gewalttaten aus. Die Menschen wurden immer schlechter.
Gott hatte lange Geduld. Aber dann wurde es ihm einfach zu viel.
Er bereute, dass er die Menschen erschaffen hatte. Er wollte eine große Flut
schicken, in der alle ertrinken sollten. Nur Noah und seine Familie sollten
verschont werden, weil Noah ein gottesfürchtiger Mann war.

Deshalb hatte Gott Noah geraten, eine Arche zu bauen, ein großes Schiff, in dem seine ganze Familie Platz hatte.

Gott hatte Noah genau gesagt, wie die Arche aussehen sollte. Aus Zypressenholz sollte sie sein und viele Kammern haben. Sie sollte dreihundert Ellen lang, fünfzig Ellen breit und dreißig Ellen hoch sein.

Sie sollte drei Stockwerke haben, ein Fenster im Dach, das eine Elle breit war, und eine große Tür in der Mitte der Arche, die fest verschlossen werden konnte. Alle Fugen und Ritzen sollten mit Pech verschmiert werden, damit die Arche wasserdicht war.

An dem Tag, an dem Gott Noah diesen Auftrag gegeben hatte, war schönstes Wetter. Keine Wolke war am Himmel zu sehen. Aber Noah vertraute auf Gott und machte sich gleich an die Arbeit. Gerade zur rechten Zeit wurde die Arche fertig. Gott sprach zu Noah: „Es wird Zeit. Zieht in die Arche. Nehmt ausreichend Vorräte mit. Und außerdem sieben Paare von den Haus-, Herden- und Opfertieren. Von den anderen Tieren nimm je zwei Stück, immer ein Männchen und ein Weibchen. Und von den Vögeln sollst du je sieben Paare nehmen, damit ihre Nachkommen nach der Flut die Erde wieder bevölkern. In sieben Tagen werde ich es regnen lassen und es wird vierzig Tage lang nicht mehr aufhören. Dann wird die ganze Erde von Wasser bedeckt sein."

Noah und seine Familie taten alles, was ihnen Gott gesagt hatte.

Die Frauen kneteten Brotteig, kochten Speisen und füllten Tonkrüge mit Vorräten. Die Söhne holten Heu und Blätter, Körner und anderes Futter für die Tiere und richteten in der Arche die Strohlager für die Haustiere her.

Noah selbst ging, um die Tiere zu holen, wie es Gott gesagt hatte.

Sie folgten freiwillig Noahs Ruf und kamen aus den Wäldern, von der Weide, aus der Wüste, von den Bergen. Selbst die wildesten Tiere wie Löwen oder Panther. Aber auch die kleinsten wie Mäuse, Käfer, Ameisen und sogar ein Paar Flöhe. Da begann es zu regnen.

„Beeilt euch!", rief Noah seiner Familie zu. Alle drängten in die Arche.

Wie durch ein Wunder vertrugen sich alle Tiere. Auch die, die vorher Todfeinde gewesen waren. Der Fuchs lief neben der Gans, die Maus neben der Katze. Elefanten, Giraffen, Nilpferde und Nashörner liefen über den breiten Steg in den geräumigen Bauch der Arche. Die Vögel flogen durch die Dachluke hinein. Zwei kleine Schildkröten und zwei Schnecken hätten es fast nicht geschafft. Da nahm Noahs Schwiegertochter die Tiere auf den Arm und trug sie hinein.

Stärker und stürmischer wurde der Regen. Und als Noah die große Tür zuziehen wollte, drückte der Wind so fest gegen das Schiff, dass sie von selbst zuschlug. Draußen war der ganze Himmel pechschwarz. Der Regen trommelte auf das Dach. Es regnete, wie es noch nie geregnet hatte. Noah schloss rasch die Dachluke.

Jetzt war es finster in der Arche. Noahs Frau zündete die Öllampen an.

Die Söhne und ihre Frauen richteten das Lager her und fütterten die Tiere. Dann aßen sie selbst und legten sich zur Ruhe.

Am nächsten Tag wurden sie vom Muhen der Kühe geweckt, die gemolken werden wollten. So merkten sie, dass ein neuer Tag angebrochen war. Aber das Tageslicht sahen sie nicht.

Eines Morgens begann die Arche zu schwanken. „Wir schwimmen!", rief Noah. Und wenn ihr großes Holzhaus schwamm, bedeutete das, dass die Flut draußen so hoch gestiegen war, dass das Wasser das ganze Land ringsum bedeckte!

Vierzig Tage dauerten die Regengüsse. Hundertfünfzig Tage trieb die Arche auf den Fluten umher. Da begann das Wasser endlich wieder zu sinken.

Eines Tages erschütterte ein Stoß das ganze Schiff. „Wir sitzen fest!", rief Noah. Er öffnete die Dachluke und sah hinaus.

Der Himmel war fast wolkenlos. Die Sonne schien warm auf sein Gesicht.

Aber ringsum war nichts als Wasser. In der Ferne sah man Felsen aus dem Wasser ragen. Ob schon irgendwo Land war, auf dem man leben konnte?

Noah holte einen Raben und ließ ihn aus dem Fenster fliegen. Der Rabe flog einige Male ein und aus und kam dann nicht mehr zurück. Das war ein gutes Zeichen. Bestimmt hatte er im Wasser etwas zu fressen gefunden!

Danach ließ Noah eine Taube fliegen. Sie kam am Abend wieder zurück, weil sie noch kein trockenes Futter gefunden hatte.

Das Wasser sank weiter. Immer deutlicher konnte man die Berggipfel erkennen. Nach einer Woche schickte Noah noch eine Taube fort. Sie kam ebenfalls zurück, aber sie hatte einen Olivenzweig im Schnabel. Das bedeutete, dass das Land mit den Bäumen aus dem Wasser aufzutauchen begann!

Noah war glücklich. Er streckte die Hand aus, damit die Taube darauf landen konnte, und holte sie herein. „Jetzt dauert es nicht mehr lange und wir können die Arche verlassen", sagte Noah zu seiner Familie. Er brach das Dach auf, damit die frische Luft hereinkam und die Vögel fortfliegen konnten.

Endlich entdeckte Noah Land in der Ferne. Aber er wartete noch so lange, bis Gott ihm erlaubte, die Arche zu verlassen.

Jetzt war die Erde trocken genug, dass auch Menschen und große Tiere ohne Gefahr darauf laufen konnten.

Da hörte Noah Gottes Stimme:

„Verlasse die Arche mit deiner Familie und mit allen Tieren!"

Wie waren alle froh! Endlich schien wieder die Sonne auf ihre blassen Gesichter und auf den Berghängen wuchs das erste Gras. Darüber freuten sich Schafe und Ziegen. Die Vögel saßen in den Ästen der Bäume und sangen. Neues Leben begann auf der Erde. Die Tiere liefen in alle Himmelsrichtungen davon und suchten sich einen Platz, an dem sie von nun an leben wollten.

Noah baute als Erstes für Gott einen Altar und opferte je eines von den Herdentieren. Noahs Familie kniete nieder und dankte Gott für die wunderbare Rettung.

Gott sah das Opfer und die Dankbarkeit der Menschen und versprach, dass er nie wieder eine solche Sintflut schicken würde. Als Zeichen für dieses Versprechen ließ er einen großen Regenbogen am Himmel erscheinen.

Der Turmbau von Babel

Bald hatten die Menschen die schreckliche Sintflut vergessen.

Noah und seine Söhne und Töchter hatten viele Nachkommen. Und die hatten wieder große Familien. Obwohl die Familien im Laufe der Zeit weit verstreut lebten, sprachen sie alle die gleiche Sprache. Viele Menschen lebten weiterhin in Zelten und zogen mit ihren Herden und Familien von Weideplatz zu Weideplatz. Andere bauten sich Holzhütten, wenn sie ein gutes Gebiet zum Jagen oder Fischen gefunden hatten. Manche fanden sich aber auch in Dörfern und Städten zusammen. Sie bauten Steinhäuser, die nicht so leicht abbrannten wie Holzhäuser. Weil es nicht überall Natursteine gab, brannten sie Ziegelsteine aus Lehm. Daraus konnten sie immer festere und schönere Häuser bauen. So entstanden immer größere Städte.

Eine der größten und schönsten Städte war Babel am Fluss Eufrat. Der Herrscher von Babel wollte, dass seine Stadt so groß und herrlich sei, dass nichts auf der Welt ihr gleichkäme. Mitten in der Stadt sollte ein Tempelturm für den Götzen Marduk gebaut werden, der bis an die Wolken reichte. Alle Leute sollten davon beeindruckt sein und überall berichten, was für ein mächtiges Volk in Babel lebte. Die Bauarbeiter errichteten ein riesiges Fundament. Und dann begann der Turm zu wachsen. Stockwerk um Stockwerk. Sklaven und Esel schleppten von früh bis spät das Baumaterial herbei. Tausende von Ziegeln wurden jeden Tag gebrannt. Das Baugerüst wuchs in den Himmel. Der Turm sollte viel größer sein als alles, was es bisher auf der Welt gegeben hatte.

Als Gott sah, was die Menschen in ihrem Hochmut vorhatten, verwirrte er in der Nacht ihre Sprache. Das hatte schlimme Folgen.

Als die Arbeiter am nächsten Morgen zur
Baustelle kamen, konnten sie nicht mehr
verstehen, was der Bauleiter sagte. Und als
sich der Bauherr einmischte, verstanden ihn
die Bauleiter nicht mehr. Der kleine Lehrjunge
begriff nicht einmal, was er für die Maurer
zum Frühstück holen sollte.
Die Verwirrung war komplett: Jeder sprach eine
andere Sprache! Man versuchte mit Händen
und Füßen zu reden. Aber die Zeichensprache
führte zu großen Missverständnissen.
Das war sehr gefährlich. Wie leicht konnte
ein Fehler gemacht werden und der riesige
Turm einstürzen! Schließlich musste man den
Turmbau einstellen.
Einige Menschen fanden heraus, dass es doch
noch andere gab, die ihre Sprache verstanden.
Mit denen schlossen sie sich zusammen und
zogen in die Welt.
So entstanden verschiedene Völker mit
verschiedenen Sprachen.
Und so ist es bis heute geblieben.

Abraham zieht nach Kanaan

Abraham lebte vor fast 4000 Jahren in Mesopotamien, dem fruchtbaren Land
zwischen den Flüssen Eufrat und Tigris. Er war Nomade und zog mit seiner
Familie und seinen Herdentieren von der Stadt Ur, wo er geboren war, über
Babylon bis nach Haran am Oberlauf des Eufrat. Dass man heute noch seinen
Namen und seine Geschichte kennt, hängt mit seinem unerschütterlichen
Glauben an Gott zusammen. Und das kam so:

Die meisten Menschen in Mesopotamien glaubten nicht an Gott, sondern sie
verehrten einen jungen Stier, den Götzen Marduk.

Abraham dagegen ging jeden Abend vor sein Zelt und betete zu seinem unsicht-
baren Gott, wie er es von seinem Vater Terach gelernt hatte. Wenn er die Sterne
über sich sah, fühlte er sich Gott am nächsten.

Eines Tages hörte Abraham Gottes Stimme:

„Geh aus deiner Heimat und deines Vaters Haus in ein Land, das ich dir zeigen
werde! Ich will dich und deine Nachkommen segnen. Ihr werdet ein großes Volk
sein."

Da machte sich Abraham reisefertig. Ein langer und mühseliger Weg stand ihm
und seinen Leuten bevor. Aber er wusste ja, wofür er die Strapazen auf sich nahm.
Eine lange Karawane machte sich auf den Weg nach Süden.

Voran ritt Abraham auf seinem Kamel. Es folgte seine Frau Sara. Dahinter ritt Lot,
der Sohn seines verstorbenen Bruders. Abraham kümmerte sich um Lot wie um
einen eigenen Sohn, denn er hatte keine Kinder. Es folgten die Viehhirten mit der
Herde. Dann kamen Knechte und Mägde.

Die Karawane kam nur langsam voran, denn die Kinder und die kleinen Tiere konnten nicht so schnell laufen. Wenn die Sonne unterging, schlugen sie ihre Zelte aus Tierfellen auf. Einige Knechte mussten nachts am Feuer Wache halten und aufpassen, dass keine Raubtiere kamen. Am nächsten Morgen wanderten sie weiter. Die Reise war sehr anstrengend, besonders, als sie eine große Wüste durchqueren mussten.

Nach über tausend Kilometern kamen sie endlich an einen großen Fluss. Er hieß Jordan. Es gab keine Brücke und kein Boot. So mussten sie eine Furt suchen, um ihn zu überqueren. Die Kinder und Lämmer mussten getragen werden, damit sie nicht ertranken.

Das Land, in das sie kamen, hieß Kanaan. Es war ein fruchtbares Land. Dort lebten die Kanaaniter. War das das Land, das Gott Abraham versprochen hatte? Abraham zog im Lande umher, bis er nach Sichem kam, dem heiligen Ort der Kanaaniter. Sie verehrten dort eine Orakel-Eiche. Dort betete Abraham und dankte Gott. Da erschien ihm der Herr und sagte: „Abraham, dieses Land werde ich einmal deinen Kindern geben. Du wirst so viele Nachkommen haben, wie du Sterne am Himmel siehst." Dieses Versprechen erstaunte Abraham sehr. Denn er und seine Frau Sara hatten keine Kinder und sie waren schon sehr alt. Aber Abraham brachte ein Dankopfer und glaubte an Gottes Wort. Er baute einen Altar unter der Eiche von Sichem. Dann zog er weiter und schlug seine Zelte im Bergland auf.

Abraham und Lot

Abraham und sein Neffe Lot zogen durch das Land und blieben immer dort, wo sie gutes Weideland für ihre Tiere fanden.

Abraham war kein armer Nomade. Er besaß viel Vieh, Silber und Gold. Auch Lot besaß inzwischen viele Schafe, Ziegen, Rinder und Zelte. Da wurde es eng, wenn sie ihre Herden nebeneinander weideten.

Einmal, als Abraham und Lot mit ihren Herden wieder im Jordantal lagerten, stritten sich Lots Knechte mit Abrahams Knechten heftig um das beste Weidegebiet.

Da stieg Abraham mit Lot auf einen Berg und sagte: „Es ist nicht gut, dass unsere Leute streiten. Das Land ist groß genug. Lass uns auseinandergehen. Wähle du, ob du nach Norden oder nach Süden gehen willst."

Lot entdeckte im Süden wunderbares Land, das sich bis zum Ufer des Jordan hinzog. Dort konnten seine Herden grasen und er würde noch viel reicher werden. Es gab dort auch zwei große Städte, die hießen Sodom und Gomorra.

So wählte Lot den Süden und Abraham blieb im Norden Kanaans. Später zog Lot nach Sodom und lebte in der Stadt. Abraham aber zog mit seinen großen Herden weiter von Weideplatz zu Weideplatz. Einmal, als in Kanaan Trockenheit und Hungersnot ausbrachen, wanderte Abraham mit seinen Herden sogar bis nach Ägypten und blieb einige Zeit im fruchtbaren Nilland. Dort nahm Sara eine junge Magd zu sich, die Hagar hieß. Hagar blieb auch bei der Familie, als sie wieder nach Kanaan zurückkehrten.

Abraham und Sara

Zehn Jahre waren seit der Abreise aus Mesopotamien schon vergangen und Abraham und Sara hatten noch immer kein Kind. Sara war sehr traurig deswegen. Sie war überzeugt, dass sie nie ein Kind haben würde. Deshalb sorgte sie dafür, dass Abraham ein Kind von ihrer Magd Hagar bekam. Es war ein Junge, der Ismael hieß. Sara sorgte für ihn, als wäre er ihr eigenes Kind.

Eines Tages saß Abraham in der Mittagshitze vor seinem Zelt, das im Schatten des Haines von Mamre stand. Da kamen drei fremde Männer den staubigen Weg herauf. Abraham empfing sie sehr gastfreundlich und sagte: „Man wird euch Wasser bringen, damit ihr eure müden Füße waschen könnt. Ruht euch unter den Bäumen aus. Ich will dafür sorgen, dass ihr zu essen und zu trinken bekommt." Dann lief er ins Zelt zu Sara und sagte: „Nimm schnell drei Maß feines Mehl und backe Brotfladen!" Er eilte auf die Weide, suchte ein zartes Kalb aus und ließ es schlachten. Jetzt holte er noch Sauermilch und süße Milch. Die Gäste sollten von allem das Beste bekommen, so gebot es die Gastfreundschaft. Als Abraham schließlich mit seinen Gästen unter den Bäumen vor dem Zelt saß und speiste, sagte einer der Fremden: „Wo ist deine Frau Sara?" – „Sie ist im Zelt und näht ein Gewand für Hagars Sohn. Warum willst du das wissen?", fragte Abraham verwundert.– „So sage ihr, in einem Jahr wird sie einen eigenen Sohn haben!" Sara, die im Zelt das Gespräch belauscht hatte, musste lachen. Sie war schon viel zu alt, um noch daran zu glauben, dass sie ein Kind bekommen könnte.

Als die drei Männer aufbrachen, begleitete Abraham sie ein Stück.
Sie gingen hinunter ins Jordantal und schlugen dann den Weg nach Sodom ein.
„Man hört viel Schlimmes über Sodom und Gomorra", sagte einer der Männer.
„Wir wollen hingehen und sehen, ob es wahr ist. Wenn es stimmt, dann wird Gott
die Städte bestrafen und vernichten."
„Es mag schlechte Menschen dort geben", sagte Abraham. „Aber es gibt auch
viele anständige Leute." Er dachte an seinen Neffen Lot.
Der Bote Gottes sah ihn an und sagte: „Wenn nur zehn anständige Menschen in
der Stadt sind, dann wird Gott die Stadt verschonen."

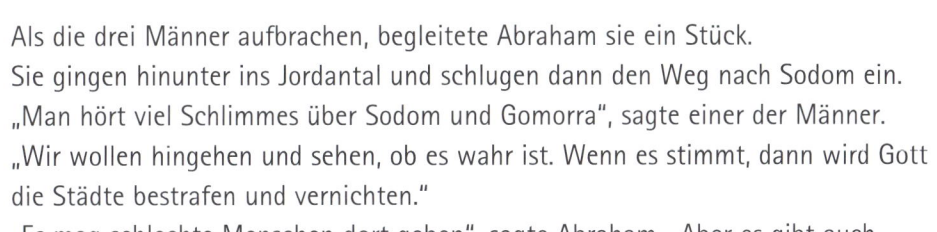

Sodom und Gomorra

Als die Boten Gottes am Abend nach Sodom kamen, saß Lot am Stadttor und sah dem regen Treiben auf dem Platz zu. Lot entdeckte die Fremden sofort. Er ging auf sie zu und sagte freundlich: „Kommt in mein Haus und seid meine Gäste!"
Er wollte nicht, dass sie den bösen Leuten aus Sodom in die Hände fielen, die alle Fremden betrogen und schlecht behandelten. Die Männer gingen mit Lot nach Hause. Aber nachts kamen die Leute aus Sodom und ließen ihnen keine Ruhe.
Sie hatten getrunken und lärmten vor Lots Tor: „Wirf die Ausländer raus! Gib sie uns! Wir wollen unseren Spaß mit ihnen haben!" Schon begann die Tür unter ihren Schlägen in den Angeln zu beben. Lot fürchtete sich und rief: „Sie werden uns umbringen!" „Hab keine Angst", sagten die Gottesboten. Sie straften die Trunkenbolde mit Blindheit. Jetzt konnten sie Lots Hauseingang nicht mehr finden.
Laut grölend und randalierend zogen sie weiter. Zu Lot aber sprachen die Boten: „Nimm deine Familie und geh rasch weg aus dieser Stadt, die Gott um ihrer Sünden willen zerstören wird." Lot sprach mit seinen Söhnen und Schwiegersöhnen. Aber die hielten die Warnung der Fremden für einen Scherz.
Als der Morgen dämmerte, bedrängten die fremden Männer Lot wieder: „Beeil dich, Lot, sonst bist du tot! Nimm wenigstens deine Frau und deine beiden Töchter und verlass die Stadt sofort!" Als Lot immer noch zögerte, nahmen die Männer ihn und seine Familie bei der Hand und führten sie aus der Stadt hinaus. „Lauft hinauf ins Gebirge! Bleibt nicht in der Jordanebene stehen! Seht euch keinesfalls um, sonst müsst ihr sterben!", riefen sie. Endlich lief Lot mit seiner Familie los. Als die Sonne aufging, erreichten sie die Berghänge und stiegen hinauf. Gott ließ Feuer und Schwefel vom Himmel regnen und zerstörte Sodom und Gomorra und alles, was in der Jordanebene lebte. Als Lots Frau das schreckliche Getöse der Zerstörung hinter ihrem Rücken hörte, drehte sie sich um. Da erstarrte sie zu einer Salzsäule. Eine Felsensäule in dem Gebirge am Ufer des Toten Meeres heißt bis auf den heutigen Tag „Lots Weib".

Streit um Isaak und Ismael

Abraham und Sara bekamen tatsächlich im hohen Alter noch einen Sohn, so wie es Gott versprochen hatte. Sie waren sehr glücklich darüber und nannten ihn Isaak, das heißt „Gott ließ mich lachen". Aber dann passierte etwas Schlimmes. In der Familie gab es Streit.

Ismael, der Sohn Hagars, war eifersüchtig auf den kleinen Bruder und ärgerte ihn, wo er konnte. Da wurde Sara wütend und beschwerte sich bei Abraham.

Das Gleiche tat Hagar. Sie wollte, dass Abraham ihren Sohn Ismael als den Erstgeborenen anerkannte. Sara dagegen verlangte, dass Abraham Hagar und ihren Sohn Ismael wegschickte, weil sie jetzt einen eigenen Jungen hatte.

„Sie soll wieder nach Ägypten zurück, wo sie herstammt!", rief Sara wütend. Abraham wusste nicht, was er tun sollte. Er konnte Ismael nicht wegschicken. Schließlich war er genauso sein Sohn wie Isaak.

Abraham betete zu Gott und Gott sprach: „Du kannst beruhigt tun, was Sara sagt, denn ich werde auch den Sohn eurer Magd beschützen, weil er dein Sohn ist. Auch er wird, wie Isaak, der Stammvater eines großen Volkes werden."

Am nächsten Morgen nahm Abraham Brot und einen Schlauch mit Wasser und gab beides der Hagar. Die nahm ihren Sohn und ging in die Wüste.

Es wurde eine schlimme und gefährliche Reise für die beiden.

Aber Hagar und Ismael überlebten sie mit Gottes Hilfe.

Ismael wurde später der Begründer des arabischen Volkes.

Isaak wurde zum Stammvater des Volkes Israel.

Isaak und Rebekka

Als Isaak groß genug war, wollte Abraham, dass er eine Frau aus der alten Heimat in Mesopotamien nehmen sollte. Deshalb schickte er seinen Knecht Elieser mit zehn Kamelen und vielen Geschenken zurück nach Haran. Er sollte dort unter den Verwandten Abrahams eine passende Frau für Isaak suchen. Als Elieser nach einer langen Reise die vertrauten Stadtmauern erblickte, ließ er seine Kamele beim Wasserbrunnen vor der Stadt rasten. „Hoffentlich geht das gut!", dachte Elieser. Wenn mir eine Frau gefällt, wie soll ich wissen, ob es die Richtige für Isaak ist? Und was mache ich, wenn sie gar nicht mitkommen will? Er fiel auf die Knie und betete: „O Herr, mein Gott und Abrahams Gott, hilf mir! Gib mir ein Zeichen! Wenn jetzt die Mädchen aus der Stadt zur Quelle kommen, um Wasser zu holen, werde ich sie bitten, mich aus ihrem Krug trinken zu lassen. Wenn eine freundlich ist und antwortet: „Trinke, und ich will auch deinen Kamelen zu trinken geben", dann soll sie die richtige Frau für Isaak sein! Er hatte kaum zu Ende gebetet, da kam ein hübsches Mädchen aus der Stadt. Sie trug einen Krug auf der Schulter und ging zur Quelle. Zögernd ging Elieser auf sie zu und sagte: „Ich bin durstig. Darf ich etwas Wasser aus deinem Krug trinken?" Sie antwortete: „Trinke, Herr."

Als Elieser getrunken hatte, sagte sie: „Ich will noch mehr Wasser schöpfen, damit auch deine Kamele trinken können!" Eliesers Herz klopfte. Ob sie aus Abrahams Sippe stammte? Als auch die Tiere getrunken hatten, fragte er, wer sie sei.

„Ich bin Rebekka, Betuëls Tochter", antwortete das Mädchen.

„Dein Vater Betuël ist ein Verwandter meines Herrn!", rief Elieser erfreut. „Glaubst du, dass im Hause deines Vaters Platz für mich und meine Tiere ist?"

„Ich denke schon. Wir haben Stroh und Futter. Und auch Platz für einen Gast."

Da war Elieser froh. Er holte Geschenke aus seinem Reisegepäck und gab ihr einen goldenen Ring und zwei Armspangen. Rebekka lief schnell nach Hause, um zu berichten, was sie erlebt hatte. Ihr Bruder Laban kam ans Stadttor, um den Fremden willkommen zu heißen. In Betuëls Haus wurde am Abend das Gastmahl aufgetischt, wie es Sitte war. Aber Elieser war zu aufgeregt, um zu essen, und sagte: „Ich kriege keinen Bissen hinunter, ehe ich nicht gesagt habe, weshalb ich gekommen bin!"

Er berichtete, dass er Abrahams Knecht sei und gekommen sei, um eine Frau für Isaak zu finden. Jetzt war das Erstaunen groß.

„Du bist der Knecht von Abraham, meinem Onkel?", rief Betuël erfreut.

Elieser erzählte, wie er versucht hatte, herauszufinden, wer die richtige Braut für Isaak sei. Und er erzählte auch, was Rebekka auf seine Frage geantwortet hatte.

Da glaubten alle, dass es Gottes Wille war, dass Rebekka Isaaks Frau werden sollte.

„Bleibt noch eine Weile bei uns", bat Rebekkas Mutter. Aber der treue Knecht wollte gleich am nächsten Tag aufbrechen und zu seinem Herrn zurückkehren. Da riefen die Eltern Rebekka, damit sie selbst entscheiden sollte, ob sie gleich mit ihm ziehen wollte oder nicht. „Ja, ich will mit ihm gehen", sagte Rebekka.

Da gaben die Eltern ihren Segen und Rebekka zog mit Elieser nach Kanaan.

Isaak kam gerade vom Feld zurück, als sich Rebekka und Elieser auf ihren Kamelen näherten. Rebekka fragte Elieser: „Wer ist der Mann, der uns entgegenkommt?"

„Das ist Isaak", antwortete Elieser. Da nahm Rebekka ihren Schleier und verhüllte ihr Gesicht. Als Isaak zu ihnen kam, erzählte ihm Elieser, was alles Wunderbares geschehen war. Da nahm Isaak Rebekka an der Hand und führte sie ins Zelt seiner verstorbenen Mutter Sara. Bald darauf wurde Rebekka Isaaks Frau.

Jakob, Esau und das Linsengericht

Isaak und Rebekka waren viele Jahre verheiratet, ehe sie Kinder bekamen. Dafür waren es dann gleich Zwillinge. Zuerst kam Esau und wenige Minuten später kam Jakob auf die Welt. Er hielt sich an der Ferse von Esau fest. Die Zwillinge sahen aber einander überhaupt nicht ähnlich! Esaus Haut war rötlich und rau, wie ein Fell. Jakobs Haut war hell und glatt. Auch als sie größer wurden, hatten sie nicht viel gemeinsam. Esau trieb sich gern im Wald herum und ging mit seinem Vater auf die Jagd. Jakob blieb lieber zu Hause bei seiner Mutter.

Außerdem kochte er gern. Einmal, als Esau vom Feld heimkam und müde war, roch es verführerisch aus der Küche. Jakob war gerade dabei, ein schmackhaftes Linsengericht zuzubereiten.

„Ich sterbe vor Hunger", sagte Esau. „Lass mich rasch probieren!"

„Was gibst du mir dafür?", fragte Jakob und stellte sich vor den Topf.

„Was du willst", sagte Esau und griff gierig nach dem Topf.

„Gib mir dein Erstgeburtsrecht dafür", forderte Jakob.

„Meinetwegen. Aber jetzt habe ich Hunger", sagte Esau. „Her mit dem Topf!"

„Schwör es mir", sagte Jakob. Esau war so hungrig, dass er schwor und so für ein

Linsengericht sein Erstgeburtsrecht und damit auch das Anrecht auf das väterliche Erbe verschenkte.

Viele Jahre später, als Isaak alt, krank und blind geworden war, rief er Esau, seinen Ältesten, ans Bett und sagte: „Nimm Köcher und Bogen und jage Wildbret für mich. Bereite es zu, wie ich es gern mag. Dann will ich dich segnen, ehe ich sterbe!" Rebekka hatte alles mit angehört. Als Esau auf der Jagd war, rief sie ihren Lieblingssohn Jakob und flüsterte: „Hol rasch zwei Böcklein aus unserer Herde, damit ich sie deinem Vater so zubereite, wie er es gern hat. Die sollst du ihm bringen und an Esaus Stelle seinen Segen und das Erbe bekommen." Rebekka gab Jakob noch Esaus Fellkleider und sagte: „So fühlst du dich an und riechst wie er!" Die List glückte. Der blinde Isaak segnete Jakob und übergab ihm das Erbe. Als Esau von der Jagd zurückkam, flog der ganze Schwindel auf.

Isaak war entsetzt und Esau schwor bittere Rache. Der Bruder hatte ihn schließlich um das väterliche Erbe betrogen! Das wollte er ihm nach dem Tod des Vaters heimzahlen!

„Du musst so schnell wie möglich fort von hier", sagte Rebekka zu Jakob. „Dein Leben ist in Gefahr." Zu Isaak sagte sie: „Ich möchte nicht, dass Jakob eine dieser schrecklichen Hetiterinnen heiratet. Er soll nach Haran gehen und sich unter den Töchtern meines Bruders Laban eine Frau aussuchen." Isaak war damit einverstanden. So machte sich Jakob mit dem Segen seines Vaters auf die weite Reise.

Jakobs Traum von der Himmelsleiter

Der Weg von Kanaan nach Haran war lang und beschwerlich. Vor allem, wenn man ganz allein reiste. Eines Nachts schlief Jakob auf freiem Feld. Sein Kopfkissen war ein Feldstein. Das war unbequem. Außerdem strichen wilde Tiere herum. Der Mond schien hell und die Sträucher ringsum warfen gespenstische Schatten. Jakob konnte vor Angst lange nicht einschlafen. Er betete zu Gott und bat um seinen Schutz. Und dann hatte er einen wunderbaren Traum …
Jakob träumte von einer Leiter, die von der Erde bis hinauf in den Himmel reichte. Auf dieser waren viele leuchtende Gestalten. Am Ende der Leiter erschien Gott, der Herr, und sagte: „Ich bin der Gott Abrahams und Isaaks. Das Land, auf dem du liegst, soll dir und deinen Nachkommen gehören. Ich werde dich beschützen, bis du wieder heimkommst. Ich habe noch Großes mit dir vor."

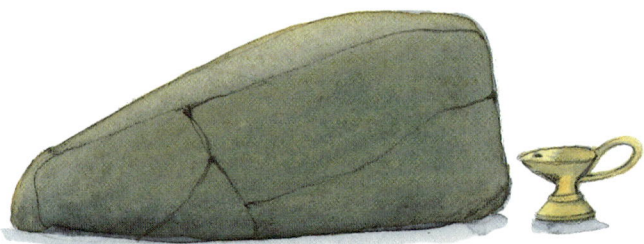

Als Jakob aus seinem Traum erwachte, richtete er den Stein auf, auf dem er geschlafen hatte, und weihte ihn mit Öl zu einem Gedenkstein.
Er spürte, dass er für einen Augenblick Gott ganz nah gewesen war und schwor, wenn er wohlbehalten von seiner Reise wieder zurückkommen sollte, an diesem heiligen Ort ein Gotteshaus zu errichten.

Jakob und Rahel

Jakob setzte seine Reise fort. Kurz vor Haran traf er auf Hirten, die an einer Wasserstelle ihre Schafe und Ziegen zusammentrieben.

„Kennt ihr meinen Onkel Laban in Haran?", fragte Jakob.

„Da kommt seine Tochter Rahel!", riefen die Hirten lachend. Sie deuteten auf ein Mädchen, das jetzt mit ihrer Herde ebenfalls zur Tränke kam. Jakob war seine hübsche Cousine auf den ersten Blick sympathisch. Er half Rahel, den Stein vom Brunnen zu schieben, damit ihre Tiere trinken konnten. Dann sagte er ihr, wer er war.

„Der Sohn Rebekkas?", rief sie überrascht. „Da wird sich mein Vater freuen. Du musst unbedingt mit mir nach Hause kommen!"

Laban gab Jakob Arbeit und Brot. Nach einiger Zeit bat Jakob seinen Onkel um die Hand seiner Tochter Rahel.

„Die musst du dir erst verdienen", sagte Laban. „Außerdem ist sie noch sehr jung."

Und sie vereinbarten, dass Jakob ihm sieben Jahre dienen sollte. Dann sollte er Rahel zur Frau bekommen.

Als die sieben Jahre um waren, wurde Hochzeit gefeiert.

Diesmal wurde Jakob Opfer eines Schwindels! Die verschleierte Braut, die in Jakobs Zelt geführt wurde, war nicht Rahel, sondern ihre ältere Schwester Lea. Jakob beschwerte sich am nächsten Morgen und Laban sagte, dass es schließlich Sitte sei, die ältere Schwester vor der jüngeren zu verheiraten.

Damals war es üblich, dass ein Mann mehrere Frauen haben konnte. Deshalb sagte Laban: „Wenn du Rahel auch noch haben willst, musst du mir noch mal sieben Jahre dienen."

So kam es, dass Jakob für Lea und Rahel vierzehn Jahre bei Laban diente. Jakob hatte schon zehn Söhne und eine Tochter, als ihm endlich auch seine Lieblingsfrau Rahel einen Sohn schenkte. Sie nannte ihn Josef.

Josef und seine Träume

Als Jakob wieder in Kanaan lebte, bekam Rahel noch einen Sohn: den kleinen Benjamin. Leider starb sie bei seiner Geburt.

Josef und Benjamin waren Jakobs Lieblingssöhne. Weil die beiden Jungen keine eigene Mutter mehr hatten, wuchsen sie bei ihren älteren Halbbrüdern auf.

Das waren raue Burschen, mit denen nicht leicht auszukommen war.

Kein Wunder: Die großen Söhne Jakobs waren die meiste Zeit mit den Herden unterwegs und sich selbst überlassen. Sie stellten schlimme Sachen an, wenn sie sich allein draußen auf dem Land herumtrieben. Der kleine Benjamin musste noch zu Hause bleiben. Aber Josef durfte schon manchmal mit aufs Feld hinaus. Dann erzählte er seinem Vater Jakob, was die großen Brüder wieder angestellt hatten.

„Wenn du uns noch mal verpetzt, dann kannst du was erleben!", drohten ihm seine Brüder. Sie waren sehr eifersüchtig auf den jüngeren Bruder, den der Vater bevorzugte. Und sie ließen es ihn spüren.

Als Josef siebzehn Jahre alt wurde, schenkte ihm sein Vater ein bunt besticktes, langes Ärmelgewand, wie es die vornehmen jungen Leute trugen. Josef sah sehr schön darin aus. Da waren seine
Brüder erst recht neidisch.

Aber dann, als die Sache mit den verrückten Träumen passierte, wurden sie richtig böse auf ihn. Und das kam so: Josef sollte bei der Ernte helfen. Er war die harte Arbeit nicht so gewohnt wie seine Brüder. Deshalb legte er sich in der Mittagspause unter einen Baum und schlief ein.

„He, aufwachen! Weiterarbeiten!", riefen seine Brüder. Sie rüttelten ihn wach. Josef rieb sich die Augen und erzählte, dass er eben einen komischen Traum gehabt habe: „Hört doch bloß: Ich war mit euch auf dem Feld. Wir banden das Getreide zu Garbenbündeln zusammen. Ich legte meine Garbe auf das abgeerntete Feld. Eure Garben lagen im Kreis um meine Garbe herum. Da richtete sich meine Garbe auf. Und eure Garben ebenfalls. Sie stellten sich rings um meine Garbe und verneigten sich!" Die Brüder fanden den Traum ganz und gar nicht komisch. „Ja, das möchtest du wohl", spotteten sie, „dass wir uns vor dir verbeugen wie Diener! Du eingebildeter Tagträumer. Mach, dass du an die Arbeit kommst, aber schnell!" Später hatte Josef noch einmal einen ähnlichen Traum: Die Sonne, der Mond und elf Sterne am Himmel waren um ihn herum und verbeugten sich vor ihm. Als er den Traum zu Hause erzählte, wurde sogar sein Vater ärgerlich. Und die Brüder? Die hätten Josef am liebsten grün und blau geprügelt, so wütend waren sie auf diesen eingebildeten Träumer. Aber sie trauten sich nicht, weil der Vater dabei war.

Josef im Brunnen

Einmal waren Jakobs ältere Söhne lange Zeit mit den Herden unterwegs. Da sagte Jakob zu Josef: „Deine Brüder sind nun schon eine ganze Weile fort. Ich habe gehört, dass sie in der Nähe von Sichem sind. Geh doch bitte hin und sieh nach, wie es ihnen geht und wie es um das Vieh steht." So wanderte Josef von Hebron, wo er mit dem Vater lebte, nach Sichem. Seine Brüder waren aber schon weitergezogen. Ein Bauer sagte ihm, dass sie weiter im Norden wären. Am nächsten Tag entdeckte Josef seine Brüder und die Herden in einer Ebene. Da war er sehr froh und lief zu ihnen hin.

„Seht einmal, wer da kommt!", rief Simeon, als er Josef von Weitem erspähte. Er erkannte ihn gleich an seinem bunten Gewand. „Unser Träumer, das verzogene Vatersöhnchen. Der soll uns wohl wieder nachspionieren? Na, den wollen wir uns mal vorknöpfen!"

„Wenn wir ihn verprügeln, wird er uns verraten!", befürchtete Levi.

„Wenn wir ihn totschlagen, können wir sagen, ein wildes Tier habe ihn gefressen", sagte Dan. „Das ist besser."

In diesem Augenblick kam Ruben, der älteste Bruder, dazu. Als er hörte, was seine Brüder und Halbbrüder vorhatten, erschrak er.

„Weshalb wollt ihr eure Hände mit Blut beflecken? Werft den Kerl einfach in den Brunnen dort in der Steppe. Da stirbt er von selbst!" Ruben, der Mitleid mit Josef hatte, wollte nämlich heimlich wieder zurückkommen, wenn seine Brüder weitergezogen waren, und Josef herausziehen.

Aber dann kam alles ganz anders. Josef spürte, dass seine Brüder nichts Gutes im Schilde führten, als er vor ihnen stand, und stotterte erschrocken: „Ich, i-i-ich wollte, i-i-ich sollte doch nur fragen, wie es euch geht und w-w-was die Herde macht." „Ja, ja, wir wissen schon, was du willst! Ein Spion bist du. Ein Verräter. Du willst nur auskundschaften, was wir tun, und willst uns wieder bei unserem Vater verpetzen!" Ehe Josef begriff, was passierte, packten sie ihn, zogen ihm sein feines Gewand aus, zerrten ihn zum Brunnen und warfen ihn hinein. Johlend entfernten sie sich und lagerten weit genug entfernt, dass sie sein Rufen und Jammern nicht hören konnten. Dann machten sie ein Feuer, um Essen zu kochen.

Ruben lief weg. Er brachte es nicht fertig zu essen, während Josef im Brunnen lag.
Josef hatte beim Sturz die Besinnung verloren. Als er wieder erwachte, lag er in
einem finsteren Loch und sah den Himmel nur noch wie durch ein kleines rundes
Fenster hoch über sich. Glücklicherweise war kein Wasser im Brunnen. Er rief um
Hilfe.
Aber niemand kam. Er versuchte im Brunnenschacht hochzuklettern. Aber die
Wände waren glatt und steil. Wenn das der Vater wüsste! Josef schossen die
Tränen in die Augen. Dann begann er zu beten und Gott um Hilfe zu bitten.

Josef wird von seinen Brüdern an Händler verkauft

Simeon entdeckte die Kamelkarawane zuerst. „He, seht mal, was da kommt!",
rief er seinen Brüdern zu.
„Das sind arabische Händler", vermutete Juda. Und er hatte recht. Die Araber
waren mit ihren Kamelen auf dem Weg nach Ägypten und wollten dort wertvolle
Gewürze und Duftstoffe verkaufen.

Da nahm Juda seine Brüder zur Seite und sagte: „Hört mal, wir wären ja dumm,
wenn wir Josef da unten im Brunnen ließen. Lasst ihn uns als Sklaven an die
Händler verkaufen. Dann sind wir ihn los und bekommen sogar noch Geld dafür!"
Die anderen Brüder waren einverstanden.
Sie waren jetzt satt und viel friedlicher als vorher.
Die meisten waren erleichtert, dass Josef nicht durch ihre Hand
sterben sollte. Immerhin war er ihr Halbbruder. So gingen sie zum
Brunnen, ließen ein Seil hinunter und zogen Josef wieder heraus.
Dann verkauften sie ihn für zwanzig Silberstücke an die
arabischen Händler.

Als Ruben in der Nacht zurückkam, um Josef zu befreien, war der Brunnen leer. Ruben lief auf die Weide zu seinen Brüdern und rief: „Sagt bloß, was ist mit Josef passiert? Habt ihr ihn umgebracht?"

„Was du wieder denkst!", brummte Juda ärgerlich. Er erzählte, was geschehen war.

„Was? Verkauft habt ihr ihn? Was wird Vater dazu sagen?", rief Ruben entsetzt. Aber die anderen lachten bloß. Sie hatten einen schlauen Plan. Sie schlachteten ein Lamm und schmierten Blut auf Josefs schönes Kleid. Dann schickten sie einen Boten damit zu ihrem Vater und ließen ihm sagen: „Das haben wir auf dem Feld gefunden. Ist das nicht Josefs Kleid?"

Als Jakob das zerrissene und blutbeschmierte Kleid sah, dachte er, Josef sei wirklich von einem wilden Tier getötet worden.

Er weinte und legte Trauerkleider an.

Josef und die Frau des Potifar

Josef kam mit der Kamelkarawane in die ägyptische Hauptstadt. Dort war gerade Sklavenmarkt. „Das ist eine gute Gelegenheit, den Hebräer mit Gewinn loszuwerden!", dachten die Händler. Sie verkauften den gut aussehenden jungen Mann im Handumdrehen für gutes Geld an einen Hofbeamten des Pharaos. Der hieß Potifar. So wurde Josef der Sklave dieses reichen Ägypters. In seinem Haus lebten noch viele andere Sklaven. Sie mussten den ganzen Tag arbeiten. Und wer faul war und nicht gehorchte, der wurde vom Aufseher mit der Peitsche geschlagen.

Josef gab sich Mühe und arbeitete, so gut er konnte. Er war kräftig, klug, geschickt, sauber und ordentlich. Das gefiel dem Potifar und er ließ sich nach einiger Zeit nur noch von dem jungen Sklaven aus Kanaan bedienen. Schließlich machte er Josef sogar zum Aufseher über sein ganzes Haus, die Ställe und den Garten. Jetzt durfte er überall im Haus umhergehen, fast wie ein freier Mann.

Die Frau des Potifar hatte den hübschen jungen Mann schon eine Weile mit Wohlgefallen beobachtet. Als Potifar einmal nicht zu Hause war, wollte sie ihn verführen. Josef weigerte sich und sagte: „Mein Herr vertraut mir. Wie könnte ich ihn betrügen?" Aber sie gab keine Ruhe und stellte ihm weiter nach.

Als Potifar wieder auf einer längeren Reise war, rief sie Josef zu sich. Sie wollte ihn in ihre Arme ziehen. Aber Josef riss sich los und rannte fort. Sein Umhang blieb in ihrer Hand zurück.

Die Frau war gekränkt und wütend, weil Josef sie abgewiesen hatte.

Was bildete sich dieser elende Sklave eigentlich ein? Sie rief die Dienerschaft zusammen und schrie: „Dieser hergelaufene Hebräer hat mich verführen wollen. Hier ist der Beweis!" Sie hielt Josefs Umhang hoch.

Die anderen Knechte erkannten Josefs Kleidung und glaubten ihr.

Als Potifar zurückkam und erfuhr, was angeblich geschehen war, wurde er sehr zornig und ließ Josef ins Gefängnis werfen.

49

Josef im Gefängnis

Josef lebte nun in einem dunklen Kerker. Zusammen mit Dieben, Mördern und anderen Verbrechern. Er war an die Wand gekettet und konnte sich kaum bewegen. Aber Josef verzweifelte nicht. Er hoffte, Gott werde ihm helfen.

Der Gefängnisbeamte, der ihm jeden Tag das Essen brachte, hatte Mitleid mit dem stillen jungen Mann, der nicht schrie, tobte und fluchte, der so ganz anders war als die anderen Gefangenen. Er spürte, dass Josef kein Verbrecher war. Eines Tages sagte er zu Josef: „Du könntest mir beim Austeilen des Essens helfen." Danach nahm er ihm die Fesseln ab. Und weil sich Josef geschickt und hilfsbereit anstellte, wurde er bald zum Hilfsaufseher im Gefängnis.

Eines Tages wurden zwei vornehme Gefangene gebracht. Man sah schon an ihrer Kleidung, dass es besondere Leute waren. Sie kamen aus dem Palast des Pharaos. Der eine war der Obermundschenk. Er war für den königlichen Weinkeller verantwortlich. Der andere war der Oberbäcker. Er sorgte dafür, dass immer genug Brot und Kuchen in der Palastküche gebacken wurde.

Der Gefängnisdirektor persönlich war für die hohen Herren verantwortlich. Er dachte, dass Josef, der offenbar auch aus gutem Hause kam, sich wohl am besten um sie kümmern könnte.

Eines Morgens, als Josef den Hofbeamten das Frühstück in die Zelle brachte, berichteten beide von einem seltsamen Traum.

Der Obermundschenk erzählte: „Ich habe von einem Weinstock geträumt, der hatte drei Reben, an denen Trauben reiften. Ich pflückte die Trauben und presste ihren Saft in einen Becher. Dann reichte ich ihn dem Pharao!"

„Ich glaube, der Traum ist so zu deuten", sagte Josef nach kurzem Nachdenken: „Die drei Weinreben stehen für drei Tage. In drei Tagen wird der Pharao dich wieder zu sich rufen, und du wirst ihm den Wein reichen, wie du es früher getan hast."

„Meinst du wirklich?", fragte der Obermundschenk unsicher und sah Josef voller Hoffnung an.

„Wenn meine Vorhersage eintrifft, dann bitte ich dich: Vergiss mich nicht!", sagte
Josef. „Erzähle dem Pharao von mir. Ich wurde gewaltsam aus dem Lande der
Hebräer entführt und sitze unschuldig im Gefängnis."

Jetzt wollte natürlich auch der Oberbäcker seinen Traum gedeutet haben.
Er erzählte: „Ich träumte, ich trug auf meinem Kopf drei Körbe mit feinem
Gebäck über den Hof. Im obersten Korb waren allerlei besonders leckere
Backwaren für den Pharao. Aber es kamen Vögel und fraßen mit ihren spitzen
Schnäbeln alles weg."

Da wurde Josef sehr nachdenklich und sagte: „Das bedeutet leider nichts Gutes.
In drei Tagen wird der Pharao auch dich aus dem Gefängnis holen. Aber er wird
dich hängen lassen und die Vögel werden dein Fleisch fressen."

Es geschah alles genau so, wie es Josef vorhergesagt hatte.

Drei Tage später hatte der Pharao Geburtstag und hielt ein großes Festmahl.
Der Mundschenk wurde befreit und durfte an seiner Tafel den Wein servieren.
Der Bäcker dagegen wurde wenig später gehängt.

Leider vergaß der Mundschenk, als es ihm wieder gut ging, was er Josef versprochen hatte. So blieb Josef weiter im Gefängnis.

Die Träume des Pharaos

Eines Nachts hatte der Pharao zwei seltsame Träume. Er rief nach seinen Traumdeutern. Aber keiner konnte den Traum des Pharaos auslegen.

„Ich glaube, ich kenne einen, der die Träume erklären könnte!", sagte der Obermundschenk. „Er heißt Josef. Er hat meinen Traum gedeutet, als ich im Gefängnis war. Und es ist alles haargenau so eingetroffen, wie er es vorausgesagt hat!"

„Was warten wir noch. Lasst diesen Mann sofort holen!", befahl der Pharao.

Als die Boten aus dem Palast angeritten kamen, herrschte große Aufregung im Gefängnis. „Josef, der Hebräer, soll zum Pharao! Sofort!", meldete ein Soldat der Palastwache dem Kerkermeister. „So wie er aussieht, kann er unmöglich in den Palast gehen!", protestierte der Kerkermeister. Josef musste sich gründlich waschen und seinen Bart scheren lassen. Dann warf man ihm die neuen Kleider über, die eiligst im Bazar besorgt worden waren. Blass und aufgeregt stand Josef schließlich vor dem Herrscher Ägyptens. „Du kannst also Träume deuten?", erkundigte sich der Pharao.

„Nein, das kann ich nicht. Nur Gott allein weiß, was ein Traum wirklich bedeutet", antwortete Josef. „Aber vielleicht wird Gott es mir erklären."

Danach erzählte der Pharao seine beiden Träume:

„Ich stand am Ufer des Nils. Da sah ich sieben schöne, wohlgenährte Kühe vom Wasser heraufkommen und im Riedgras weiden. Kurz darauf kamen sieben dürre, hässliche Kühe aus dem Wasser. Sie gingen zu den fetten Kühen und fraßen sie auf! Aber das war noch nicht alles. Gleich darauf hatte ich einen ähnlich unheimlichen Traum: Diesmal sah ich sieben dicke Ähren an einem Getreidehalm wachsen.

Daneben wuchs ein zweiter Halm. Aber er war vom heißen Ostwind ausgedörrt und trug nur dünne, leere Ähren, in denen kein einziges Körnchen saß.
Und jetzt passierte das Gleiche wie im ersten Traum: Die dürren Ähren verschlangen die dicken und vernichteten sie!"
Josef hörte schweigsam zu und sagte dann: "Beide Träume bedeuten das Gleiche. Gott will euch, o Pharao, durch diese Träume in die Zukunft sehen lassen. Zuerst werden sieben gute Jahre für das Reich kommen. Das bedeuten die sieben fetten Kühe und die vollen Ähren. Dann aber werden sieben magere Jahre kommen, und die Menschen werden alle Vorräte im Lande aufessen. Es wird eine Hungersnot kommen, die so groß sein wird, dass vom Wohlstand Ägyptens nichts mehr übrig bleibt. Und dass sich der Traum zweimal in verschiedenen Bildern gezeigt hat, bedeutet, dass Gott die Sache fest beschlossen hat."
"Heißt das, dass Ägypten untergehen wird?", erkundigte sich der Pharao.
"Nein, denn jetzt wisst Ihr, was geschehen wird. Jetzt könnt Ihr eure Vorkehrungen treffen. Ihr solltet euch nach einem umsichtigen und klugen Mann umsehen, der die nötigen Maßnahmen einleitet und organisiert. Er muss Vorratslager und Scheunen bauen. Wenn dann die sieben mageren Jahre kommen, ist für die Menschen vorgesorgt, und Ägypten wird nicht zugrunde gehen."
Der Pharao sagte zu seinen Dienern und Hofbeamten: "Könnten wir einen besseren Mann finden als diesen, durch den Gottes Stimme spricht?" Und dann zog er seinen Siegelring vom Finger, steckte ihn an Josefs Hand und sagte: "Hiermit mache ich dich zum Unterkönig über das ganze Land Ägypten. Nur ich, der Pharao, will über dir stehen."
Zum äußeren Zeichen dafür legte er ihm die goldene Amtskette um den Hals.

Josef, der Unterkönig von Ägypten

Nun war Josef Unterkönig in Ägypten. Er durfte in der großen Staatskarosse mit vielen Begleitern durch das Land fahren und die Leute verbeugten sich vor ihm genauso ehrfürchtig wie vor dem Pharao selbst.

Josef war jetzt dreißig Jahre alt und ein angesehener, mächtiger Mann. Er lebte in einem großen Palast und war mit Asenath, der Tochter eines ägyptischen Tempeldieners, verheiratet. Sie hatten zwei Söhne, die Manasse und Efraim hießen, und waren darüber sehr glücklich.

Josef erledigte seinen Auftrag so, wie es der Pharao von ihm erwartete. Er ließ Vorratslager errichten und stellte Aufseher ein, die die Ernte der sieben fetten Jahre bewachten.

Danach kamen tatsächlich die sieben mageren Jahre! Die Sonne versengte das Land und verbrannte die ganze Ernte. Überall in den Nachbarländern litten die Menschen Hunger. Nur in Ägypten gab es gefüllte Scheunen. Aus allen Ländern kamen jetzt Händler, um Korn bei Josef zu kaufen.

Eines Tages kamen zehn Männer mit Eseln und vielen leeren Säcken aus dem Lande Kanaan. Als Josef die Männer sah, erschrak er, denn er erkannte in ihnen seine Brüder. Sie verbeugten sich tief vor dem vornehmen Mann. Nie im Leben wäre ihnen eingefallen, dass er ihr Bruder sein könnte! Josef sah es und dachte: „Jetzt geht auch mein Traum mit den Garben in Erfüllung!" Josef sagte nicht, wer er war. Er fragte streng: „Woher kommt ihr?"

„Aus dem Lande Kanaan. Wir wollen Lebensmittel kaufen", antworteten sie.

„Ihr seid Kundschafter und Spione", behauptete Josef.

„Nein, wir sind die zehn ehrlichen Söhne eines ehrbaren Mannes aus Kanaan."

„Was ist mit Benjamin?", schoss es Josef durch den Kopf. Hatten sie den am Ende auch verkauft? Er musste Gewissheit haben. Deshalb fragte er: „Habt ihr noch mehr Geschwister?"

„Noch Schwestern und einen jüngeren Bruder. Die sind zu Hause bei unserem alten Vater. Und wenn wir nichts zu essen zurückbringen, werden sie verhungern."
Josef ließ sich nicht davon abbringen, dass sie Spione seien, und steckte sie ins Gefängnis. Nach drei Tagen ließ er sie rufen. „Ich habe mir eure Angelegenheit durch den Kopf gehen lassen. Geht nach Hause und bringt mir euren jüngsten Bruder, damit ich sehe, ob ihr die Wahrheit gesagt habt! Einer von euch bleibt hier. Wenn ihr nicht zurückkommt, muss er sterben."

Er ließ seinen Bruder Simeon ergreifen und vor den Augen der anderen Brüder in Fesseln legen. Danach gab Josef den Befehl, die leeren Säcke seiner Brüder mit Getreide zu füllen. Das Geld aber, das sie mitgebracht hatten, ließ er heimlich wieder oben hineinlegen.
Die Brüder beluden ihre Esel und ritten fort. Unterwegs machten sie in einer Herberge Rast. Einer der Brüder öffnete seinen Getreidesack, um dem Esel etwas Futter zu geben. Da entdeckte er das Geld. Er bekam einen tüchtigen Schreck. Was würde passieren, wenn es einer der Zollbeamten entdeckte? Jeder würde denken, sie hätten es gestohlen!

Aber glücklicherweise ging alles gut.

Als die neun Brüder bei Jakob in Hebron ankamen und berichteten, was passiert war, erschrak Jakob. Auf keinen Fall wollte er Benjamin nach Ägypten reisen lassen! Und dann war da noch die rätselhafte Sache mit dem Geld. Würde man sie nicht alle für Diebe halten und ins Gefängnis werfen?

Als die Hungersnot immer schlimmer wurde und sie nichts mehr zu essen hatten, willigte Jakob schließlich doch ein, dass sich seine Söhne noch einmal auf den Weg machen sollten, um Vorräte zu holen. Zögernd erlaubte er, dass sie auch Benjamin mitnahmen.

„Ich bürge für ihn mit meinem Leben!", versprach Juda.

„Wir können doch Simeon nicht im Gefängnis sitzen lassen. Wir müssen zurück!", sagte Ruben.

So machten sich die Brüder wieder auf die Reise. Sie hatten den doppelten Betrag an Geld mit. Damit wollten sie die Schulden vom letzten Mal bezahlen und neue Vorräte kaufen. Außerdem gab ihnen der Vater Pistazien, Mandeln und Honig als Geschenke mit auf den Weg.

Das Gastmahl für Josefs Brüder

Als Josef erfuhr, dass seine Brüder wirklich zurückgekommen waren und Benjamin mitgebracht hatten, freute er sich sehr. Er befahl seinem Hausverwalter, ein großes Festmahl vorzubereiten. Dann schickte er Diener los, die seine Brüder in den Palast holen sollten. „Was will er von uns?", fragte Juda ängstlich die anderen, als sie vor dem großen Palast standen. „Vielleicht wollen sie uns wegen des Geldes, das in unseren Säcken war, festnehmen und zu Sklaven machen?", flüsterte Ruben.

Deshalb nahmen sie am Hauseingang den Verwalter zur Seite und sagten: „Es ist uns etwas sehr Unangenehmes passiert. Wir waren schon einmal hier, um Getreide zu kaufen. Auf dem Rückweg bemerkten wir, dass das Geld, mit dem wir bezahlt hatten, wieder oben in den Säcken lag. Hier, wir haben es wieder mitge-bracht! Wir haben auch noch mehr Geld mit für das neue Getreide. Glaub uns, wir sind ehrliche Leute. Wir wissen wirklich nicht, wie das damals passieren konnte."

Da antwortete der Verwalter: „Seid unbesorgt. Ihr habt nichts zu fürchten. Ich habe das Geld für das Getreide ordnungsgemäß erhalten."

Er führte sie in den Speiseraum des Palastes, wo eine festliche Tafel gedeckt war. Als Josef hereinkam, verneigten sich seine Brüder bis auf die Erde. Dann übergaben sie ihm die Geschenke, die sie aus ihrer Heimat mitgebracht hatten. Josef begrüßte sie freundlich und fragte nach ihrem Vater. Als er seinen Bruder Benjamin erblickte, kamen ihm Tränen in die Augen, und er ging schnell in ein anderes Zimmer, damit niemand bemerkte, dass er weinte. Dann ließ er das Essen auftragen.

Es wurde an drei Tischen serviert. Ein Tisch war für Josef gedeckt. Einer für seine Brüder und einer für die Ägypter, denn die durften nicht mit den Hebräern an einem Tisch essen. Die Brüder wunderten sich, dass sie genau in der Reihenfolge ihres Alters an der Tafel Platz nehmen sollten. Woher wusste der Hausherr das? Benjamin bekam von allen Speisen das Beste vorgelegt. Sie aßen, tranken und unterhielten sich. Und sie durften sogar im Palast übernachten. Warum war dieser mächtige Mann auf einmal so freundlich zu ihnen?

Der silberne Becher

Als die Brüder schliefen, ließ Josef ihre Säcke wieder mit Korn füllen und das Geld heimlich obenauf legen. In Benjamins Sack ließ er seinen silbernen Trinkbecher verstecken. Er wollte seine Brüder ein letztes Mal auf die Probe stellen.

Arglos beluden die elf Brüder am nächsten Morgen ihre Esel und machten sich auf den Heimweg. Sie waren kaum aus dem Stadttor hinaus, da kamen Reiter hinter ihnen hergejagt und hielten sie auf.

„Halt! Stehen bleiben! Wir müssen euer Gepäck untersuchen. Der König vermisst seinen silbernen Trinkbecher!"

„Wir haben ihn nicht!", versicherte Ruben.

„Unser Herr hat gestern Abend, als ihr bei ihm wart, zuletzt daraus getrunken!", rief einer der Soldaten, und dann durchsuchten sie das Gepäck.

„Wir sind keine Diebe. Falls ihr den Becher findet, lassen wir uns gern bestrafen!", sagte Simeon mit dem besten Gewissen der Welt.

Die Soldaten fanden den silbernen Becher. Ausgerechnet in Benjamins Gepäck! „Ich weiß nicht, wie der Becher da hineingekommen ist", rief Benjamin verzweifelt und weinte. Aber es nützte nichts. Die Soldaten nahmen ihn fest. Er musste zum Unterkönig.

Die Brüder waren ganz außer sich. Sie gingen alle mit zurück in die Stadt und ließen sich auch am Palast nicht abweisen. Sie kämpften bei Josef für ihren kleinen Bruder! Besonders Juda, der sich bei seinem Vater für ihn verbürgt hatte: „Wenn wir Benjamin nicht mit zurückbringen, wird das unserem Vater das Herz brechen. Wir haben versprochen, dass ihm nichts geschieht. Behaltet mich als Sklaven, aber lasst Benjamin zu seinem Vater zurückkehren. Er würde den Verlust Benjamins nicht überleben, weil er schon seinen Sohn Josef verloren hat."
Jetzt konnte Josef sich nicht länger verstellen. Er spürte, dass seine Brüder sich gebessert hatten und füreinander einstanden. Er sah sie an und sagte:
„Ich bin Josef!"
Die Brüder wurden blass vor Schreck. Das sollte Josef sein? Der Bruder, den sie in den Brunnen geworfen und verkauft hatten? Sicher würde er sie nun dafür bestrafen!
Aber Josef sagte: „Habt keine Angst. Ich habe euch inzwischen verziehen. Denn Gott hat es gut mit uns gemeint. Wäre ich nicht nach Ägypten gekommen, dann hätte ich auch nicht des Pharaos Traum deuten können. Dann hätten die Ägypter nicht die großen Vorratskammern angelegt und wir müssten alle verhungern."
Er küsste Benjamin und seine anderen Brüder und schickte sie mit der guten Nachricht schnellstens nach Hause zu Jakob. Jakob konnte zuerst gar nicht fassen, was ihm seine Söhne erzählten. Aber dann sah er die Gaben und Geschenke, die sie mitgebracht hatten, und glaubte ihnen. Sie mussten ihm immer und immer wieder alles erzählen. Vor allem auch die Botschaft Josefs, der ihn bat, mit der ganzen Familie nach Ägypten zu kommen, wo sie keine Not mehr leiden sollten. Und das tat Jakob dann auch.
Er zog nach Ägypten, weil er seinen tot geglaubten Sohn wiedersehen wollte.

Jakob lebte danach noch viele Jahre mit seiner Familie und seinen Herden in Ägypten. Mit Erlaubnis des Pharaos errichteten sie ihre Zelte in einer fruchtbaren Gegend an der Nilmündung, die man das Land Gosen nannte.

Das Findelkind im Schilf

Als Jakob mit seinen Söhnen und deren Familien in das Land Gosen kam, zählte der Stamm ungefähr siebzig Leute. Aber die Kinder der Söhne bekamen wieder Kinder und so wurde nach vierhundert Jahren aus der Familie Jakobs ein großes Volk.

Es nannte sich Israel, weil Jakobs zweiter Name, den er von Gott bekommen hatte, Israel war.

Der Pharao, der vierhundert Jahre später in Ägypten herrschte, wusste nichts mehr von Josef und davon, dass er das Land vor einer großen Hungersnot gerettet hatte.

Er ärgerte sich, dass das Volk Israel immer größer und stärker wurde. Er hatte außerdem Angst, dass die Israeliten im Kriegsfall zu den Feinden überlaufen würden. Deshalb unterdrückte er sie, wo er konnte.

Sie wurden zur Zwangsarbeit eingesetzt und mussten Pyramiden, Paläste, Straßen und Tempel bauen. Sie mussten Sand und Steine schleppen, Ziegelsteine brennen und Gerüste zimmern.

Die ägyptischen Könige errichteten damals gewaltige Steinbauten, die aller Welt
in Ewigkeit verkünden sollten, wie groß und mächtig sie waren. Dazu brauchten
sie Tausende von Bauarbeitern. Die Israeliten wurden wie Sklaven behandelt.
Aufseher trieben sie mit Peitschen an.
Aber das Volk Israel ließ sich trotz allem nicht unterkriegen.
Da gab der Pharao einen grausamen Befehl:
Alle neugeborenen Söhne der Israeliten
sollten im Meer ertränkt werden!

Damals lebte in einem kleinen Haus im Lande Gosen eine Familie, die hatte zwei Kinder: ein Mädchen, Mirjam, und einen Jungen namens Aaron. Und jetzt war noch der kleine Mose auf die Welt gekommen. Ausgerechnet jetzt, wo der Pharao das grausame Gebot erlassen hatte! Die Eltern lebten in großer Angst, dass Spione das Kind entdecken und töten könnten. Deshalb hielten sie Mose gut versteckt. Drei Monate lang. Aber dann bekam er eine so kräftige Stimme, dass man sie bis auf die Straße hören konnte. Wenn die Soldaten das Babygeschrei hörten, war das Kind verloren! Was sollten die armen Eltern bloß machen?

Da hatte die Mutter eine Idee. Sie nahm einen Korb, der aus Papyrusrohr geflochten war. Den dichtete sie mit Erdharz und Pech ab. Jetzt war er wie ein kleines Schiff. Sie legte Mose hinein und setzte den Korb in das Schilf am Ufer des Nils, dort, wo die Badestelle der reichen Leute aus dem Palast war. Moses Schwester Mirjam versteckte sich und beobachtete mit Herzklopfen, was geschah.

Schon bald darauf kam eine Tochter des Pharaos mit ihren Dienerinnen an den Fluss, um zu baden. Plötzlich blieb sie stehen und rief überrascht: „Hört doch! Da weint ein Kind im Schilf!" Sie ging der Stimme nach und entdeckte das Körbchen. „Seht doch bloß! Ist es nicht ein hübsches Kind? Bestimmt hat es eine von diesen Hebräerinnen ausgesetzt", sagte sie. „Sicher weint es, weil es Hunger hat."

Da kam Mirjam unauffällig aus ihrem Versteck und sagte: „Soll ich hingehen und eine Amme von den Hebräerinnen holen, damit sie das Baby stillt?"

„Ja, lauf los! Das ist eine gute Idee", sagte die Prinzessin.

Da sauste die kleine Mirjam nach Hause, so schnell sie konnte, und holte ihre Mutter. Der Plan war geglückt! Mose war gerettet. Und jetzt bekam die Mutter sogar für eine Weile ihr Kind zur Pflege!

Mose wuchs in dem kleinen Haus am Nil heran. Er lernte laufen und sprechen. Und seine Mutter erzählte ihm Geschichten vom Volk Israel, dem auserwählten Volk Gottes, das in Ägypten so jämmerlich unterdrückt wurde und das aus einem Land stammte, das Kanaan hieß. Und davon, dass Gott versprochen hatte, das Volk Israel wieder nach Kanaan zurückzuführen.

Als Mose groß genug war, holte ihn die Prinzessin zu sich in den Palast. Dort wurde er erzogen wie ein ägyptischer Prinz.

Er bekam feine Kleider und schönes Spielzeug. Er wuchs heran und wurde ein stattlicher junger Mann.

Sogar einen eigenen Palast bekam er und Diener, Pferde und Kutschen.

Trotz seines Reichtums musste er aber immer wieder an seine Kinderzeit in der kleinen Hütte am Nil denken. Er konnte nicht vergessen, was ihm seine Mutter von der Unterdrückung des Volkes Israel erzählt hatte.

Eine Tages machte der junge Mose einen Spaziergang in der Gegend, in der die Hütte gestanden hatte, in der er geboren worden war. Die Hütten der einfachen Leute waren längst abgerissen. Jetzt wurde dort mächtig gebaut, weil immer mehr Leute in der Stadt leben wollten.

Plötzlich hörte Mose laute Schreie auf einer Baustelle. Er lief hin, um zu sehen, was los war. Ein ägyptischer Sklavenaufseher peitschte einen israelitischen Bauarbeiter. Half dem Mann denn keiner?

Mose wurde so wütend, dass er auf den Sklavenaufseher zusprang und ihn niederschlug. Als er sah, dass der Mann tot war, erschrak er sehr.

Er grub schnell ein Loch und legte den Mann hinein. Auf dem Rückweg klopfte sein Herz wie ein Hammer. Er wusste genau, dass es nicht richtig war, was er getan hatte. Hoffentlich hatte ihn niemand beobachtet.

Als er am nächsten Tag wieder zu den Baustellen hinausging, sah er zwei Israeliten, die heftig miteinander stritten und aufeinander einschlugen.

Warum taten sie das? Sie sollten zusammenhalten und gegen die Ägypter kämpfen, die sie unterdrückten. Waren sie nicht Gottes auserwähltes Volk?

„Warum schlägst du einen Mann aus deinem eigenen Volk?", rief Mose empört und packte den Mann am Kragen, der die Schlägerei angefangen hatte.

Der Mann wehrte sich und rief wütend: „Wer hat dich zum Richter über uns gemacht? Willst du mich auch totschlagen, wie du den Ägypter totgeschlagen hast?"

Mose erschrak zu Tode. Hatte sich seine Tat so schnell herumgesprochen? Er rannte schnell davon. Als der Pharao von der Tat erfuhr, schickte er sofort Soldaten zu Mose, die ihn festnehmen sollten.   Doch die Soldaten kamen zu spät. Mose hatte sich sein schnellstes Reitkamel   geholt und war geflohen.

Mose und der brennende Dornbusch

Jetzt war Mose kein vornehmer Mann mehr. Er war ein Flüchtling, der sich überall verstecken musste. Er durchquerte die Wüste und ritt nach Osten, bis er das Bergland erreichte, in dem die Midianiter lebten. Dort hoffte er vor dem Pharao sicher zu sein.

Eines Abends näherte er sich einem Wasserloch, um sich zu erfrischen. Da kamen sieben Mädchen mit ihrer Schafherde, die ihre Tiere tränken wollten. Sie schöpften das Wasser mit ihren Krügen in die Tränkrinnen. Aber dann kamen Hirten dazu und riefen frech: „Weg da, das ist unser Wasserloch!"

Die Mädchen erschraken. Aber da kam ihnen Mose zu Hilfe. Er hatte keine Angst vor den Männern und rief: „Wollt ihr wohl verschwinden und die Mädchen ans Wasser lassen? Sie waren zuerst da!" Und dann half er ihnen beim Tränken der Schafe. Die sieben Mädchen waren die Töchter des Midianiter-Priesters Reguel. Ihr Vater wunderte sich, dass sie früher heimkamen als sonst.

Sie berichteten gleich von dem Ägypter, der sie vor den frechen Hirten in Schutz genommen hatte. „Er hat uns sogar beim Schöpfen geholfen und beim Tränken der Herde. Deshalb sind wir schneller fertig geworden."

„Und wo ist der hilfsbereite Mann jetzt? Ladet ihn doch zum Essen ein!", schlug der Vater vor, denn Gastfreundschaft war wichtig in seinem Lande. So machte Mose die Bekanntschaft des Midianiters Reguel und seiner Familie. Mose lernte viel von Reguel. Er blieb als Hirt bei ihm und Reguel gab ihm später seine Tochter Zippora zur Frau.

Tag für Tag trieb Mose nun die Schafe und Ziegen seines Schwiegervaters auf die Weide. Vierzig Jahre lang. Der Pharao in Ägypten war längst gestorben.
Aber sein Nachfolger war genauso hart und grausam gegen das Volk Israel.
Die Israeliten beteten zu Gott, dass er ihnen helfen möge. Und Gott erhörte sie.
Als Mose einmal seine Herde in die Steppe hinaustrieb, kam er bis zum Berg Sinai.
Da entdeckte er einen brennenden Dornbusch. Das war nichts Besonderes. Aber dieser seltsame Busch brannte und brannte, aber er verbrannte nicht!
Plötzlich hörte Mose eine Stimme, die rief: „Mose, Mose! Tritt nicht näher heran. Zieh die Schuhe aus, denn die Stätte, auf der du stehst, ist heiliges Land!"
Mose tat, was ihm die Stimme befahl.
Dann sagte die Stimme: „Ich bin Jahwe, der Gott deines Vaters, der Gott Abrahams, der Gott Isaaks und der Gott Jakobs."
Da verhüllte Mose sein Gesicht und fiel auf die Knie, denn er fürchtete sich.
Er hörte aber genau, was die Stimme Gottes zu ihm sagte:
„Geh zurück nach Ägypten und bitte den Pharao, er möge das Volk Israel zurück nach Kanaan ziehen lassen."
Mose wollte nicht zurück nach Ägypten.
Er hatte Angst und sagte: „Wer bin ich denn, dass der Pharao auf mich hören sollte?"
Da sagte Gott: „Hab keine Angst. Ich werde dir helfen."
Und zum Zeichen seiner Kraft verwandelte er den Stab, den Mose in der Hand hielt, in eine Schlange.
„Aber wie soll ich die Israeliten überzeugen, dass sie mir folgen? Ich bin kein guter Redner."
Da antwortete Gott: „Dein Bruder Aaron ist ein guter Redner. Er ist schon auf dem Weg, um dich zu treffen."

71

Mose beim Pharao

Mose ging zu seinem Schwiegervater und erklärte ihm, warum er zurück nach Ägypten reisen wollte.

„Wenn Gott dich ruft, musst du ihm folgen. Ziehe hin in Frieden!", sagte Reguel. Da nahm Mose seine Frau und seine Söhne, setzte sie auf Kamele und Esel und trat den Rückweg nach Ägypten an.

Beim Berg Sinai traf Mose auf Aaron. Die Brüder erkannten einander sofort, obwohl sie sich so viele Jahre nicht gesehen hatten. Mose umarmte seinen Bruder und dann erzählte er ihm alles, was ihm Gott am brennenden Dornbusch gesagt hatte.

Gemeinsam gingen die beiden Brüder zu den Ältesten der Israeliten und erzählten ihnen von Gottes Rettungsplänen für sein Volk. Die Ältesten vertrauten Mose und Aaron. Sie beteten und dankten Gott dafür, dass ihr Elend in Ägypten bald ein Ende haben sollte. Jetzt kam eine noch schwerere Aufgabe auf die Brüder zu: Sie mussten den Pharao überreden, dass er die Israeliten ziehen ließ.

Zunächst versuchten sie es mit einer List.

„Der Gott der Hebräer ist uns erschienen. Wir wollen drei Tagesreisen weit in die Wüste ziehen und ihm opfern, damit uns nicht die Pest heimsucht", sagten Mose und Aaron zum Pharao.

„Euer Gott ist mir ziemlich egal", antwortete der Pharao. „Das könnte euch so passen, meine Leute von der Arbeit abzuhalten. Es gibt genug arbeitsscheues Gesindel im Land!" Und dann gab er Anweisungen an die Aufseher, dass sie die Israeliten noch härter arbeiten lassen sollten als sonst. Sie mussten das Stroh, das sie zum Ziegelbrennen brauchten, ab sofort selbst sammeln. Trotzdem mussten sie genauso viele Ziegel brennen wie zuvor.

Die Aufseher beklagten sich beim Pharao, dass das nicht zu schaffen sei. Der ließ sich nicht umstimmen: „Ihr seid nur zu faul. Das ist auch der Grund, weshalb ihr ein paar Tage freihaben wollt, um angeblich eurem Gott zu opfern! Macht, dass ihr fortkommt und euer Soll erfüllt!"

Die Aufseher und Listenführer mussten die Leute nun zu noch härterer Arbeit antreiben. Sie beschimpften Mose und Aaron und riefen: „Gott möge euch strafen! Durch eure Schuld werden unsere Leute jetzt noch mehr geschunden als vorher!"

Die zehn ägyptischen Plagen

Mose und Aaron waren sehr bedrückt, dass sie das Volk Israel in noch größere
Not gebracht hatten. Sie beteten zu Gott und sagten: „Seit wir zum Pharao
gegangen sind, misshandelt er unser Volk noch schlimmer!"
Gott versprach, ihnen zu helfen. „Ich werde den Pharao und sein Volk so lange
mit Plagen heimsuchen, bis er euch ziehen lässt!" Er sandte zehn Plagen über
Ägypten, die seine Macht zeigen sollten. Als Erstes wurde das Wasser im Nil
blutrot. Dann kam eine entsetzliche Froschplage: Millionen von Fröschen hüpften
durch die Straßen und drangen in die Häuser ein. Eines Morgens saßen sie sogar
auf dem Bett des Pharaos! Der Pharao tobte.

Er ließ Mose rufen und sagte: „Ich werde dein Volk ziehen lassen,
wenn dein Gott diese schrecklichen Frösche verschwinden lässt!"
Aber als die Frösche weg waren, hielt der Pharao sein Versprechen nicht.
Da befahl Gott, Aaron solle mit seinem Stab auf den Boden schlagen.
Es begann zu summen und zu schwirren. Tausende von Stechmücken erhoben
sich aus dem Staub.
Wieder versprach der Pharao, die Israeliten ziehen zu lassen. Wieder brach er
sein Versprechen.

Danach schickte Gott eine Ungezieferplage. Aber der Pharao blieb unerbittlich.
Jetzt wurden die Tiere der Ägypter krank. Zahllose Schafe starben an einer
furchtbaren Pest. Dann sandte Gott eine neue Krankheit. Beulen und Geschwüre
brachen bei Menschen und Tieren auf.

Dann fielen dicke Hagelkörner vom Himmel und zerschlugen die Ernte.
Aber es nützte nichts. Der Pharao blieb hart und unerbittlich.

Jetzt sandte Gott eine Heuschreckenplage über das Land, wie man sie noch nie
erlebt hatte. Die Heuschreckenschwärme verdunkelten den Himmel und machten
den Tag zur Nacht. Aber der Pharao wollte die Israeliten immer noch nicht ziehen
lassen.

Nun bedeckte Gott den Himmel über Ägypten mit schwarzen Wolken, denn die
letzte und schrecklichste Plage stand dem Land noch bevor.

Als die Ägypter abends zu Bett gingen, blieben die Israeliten wach. Sie packten
alles ein, was sie mit auf die Reise nehmen wollten, denn Gott hatte zu Mose
gesagt, dass endlich der Tag der Abreise gekommen sei. Aber vorher sollten alle
noch ein Festmahl halten. In jedem Haus wurde ein Lamm geschlachtet und
ungesäuertes Brot gebacken. Der Hausherr nahm etwas vom Blut des Lammes
und strich damit den Türpfosten an. Auf diese Weise wurden alle Türen des
Volkes Israel rot gekennzeichnet. Dann kam die Nacht. Eine furchtbare Nacht!
Der Todesengel ging durch die Straßen und kam in alle Häuser. Überall starb der
älteste Sohn. Auch im Palast des Pharaos. Nur die Häuser der Israeliten blieben
verschont. Der Todesengel erkannte sie am Blut des Lammes an den Türpfosten
und ging nicht hinein.

Jetzt bekam endlich auch der Pharao große Angst vor dem mächtigen Gott
der Israeliten, und er rief: „Lasst dieses Volk bloß weggehen! Es bringt uns nur
Unglück!"

Das Meer teilt sich

Endlich war das Volk Israel auf dem Weg nach Kanaan. Tagsüber zeigte ihnen eine Wolkensäule den Weg und nachts eine Feuersäule. Als sie am Ufer des Meeres Rast machten, hörten sie hinter sich die Kriegswagen des Pharaos heran-preschen. Der hatte längst bereut, dass er die tüchtigen Arbeiter hatte ziehen las-sen. Mit Reitern und sechshundert seiner schnellsten Kriegswagen jagte er hinter ihnen her, um sie zurückzuholen. Die Israeliten bekamen Angst. Vor ihnen lag das Meer und hinter ihnen waren die Ägypter. Was sollten sie bloß tun? Viele schrien vor Angst und machten Mose Vorwürfe: „Warum hast du uns hierhergeführt? Hätten wir nicht genauso in Ägypten sterben können?" Mose betete zu Gott. Und Gott sprach: „Heb deinen Stab empor und strecke deine Hand über dem Meer aus." Mose tat, was Gott gesagt hatte. Da erhob sich ein starker Ostwind. Der legte den Meeresboden trocken und teilte das Meer, sodass das Wasser zur Rechten und zur Linken wie eine Mauer stand und die Israeliten trockenen Fußes hindurchlaufen konnten. Die Reiter und Kampfwagen des Pharaos setzten hinter ihnen her. Aber bald geriet das ägyptische Heer durcheinander. Die Räder der Wagen sprangen ab und die Krieger mit ihren schweren Waffen kamen im Schlick nur mühsam voran. Als die flüchtenden Israeliten das andere Ufer erreicht hatten, streckte Mose wieder seine Hand über dem Meer aus. Da drehte sich der Wind. Das Wasser strömte in sein altes Bett zurück und das ganze Heer des Pharaos ertrank. Jetzt war das Volk Israel endlich frei!

Es feierte ein Freudenfest. Mirjam, die Schwester Aarons und Moses, nahm ihr Tamburin in die Hand und alle Frauen folgten ihr. Sie tanzten und sangen immer wieder das Siegeslied:

Singt unserem Gott.
Mächtig ist er.
Ross und Reiter
warf er ins Meer.

Der Weg durch die Wüste

Nach der Flucht aus Ägypten zog das Volk Israel drei Monate lang durch die Wüste. Die Menschen litten unter Hitze, Hunger und Durst. „Wären wir doch bloß wieder in Ägypten, wo wir zumindest genügend Fleisch und Brot zu essen hatten!", beklagten sie sich bei Mose.

Mose betete und bat Gott um Hilfe. Der ließ sein Volk nicht im Stich.

Am Abend dieses Tages ließ sich ein großer Schwarm Wachteln neben dem Zeltlager nieder. Am anderen Morgen lag Tau um das Lager. Als der Tau verdunstet war, blieb etwas Feinkörniges liegen. Es sah weißlich aus und schmeckte wie Honigkuchen.

Das war Manna. So musste das Volk Israel nicht verhungern.

Die Israeliten zogen weiter von Rastplatz zu Rastplatz. Immer wenn sie am Verzweifeln waren, half ihnen Gott weiter. Einmal, als es in der Wüste kein Wasser gab, wurden die Leute wieder ungeduldig. Ein paar Männer kamen zu Mose und riefen aufgebracht: „Wir werden verdursten! Wozu hast du uns aus Ägypten geführt, wenn wir jetzt mit unseren Frauen und Kindern sterben müssen?"

Mose war ratlos. Woher sollte er Wasser bekommen? „Hilf mir, Gott", betete er. „Das ganze Volk ist gegen mich!"

Gott sprach zu Mose: „Schlag mit deinem Stab an den Felsen vor dir. Dann wird Wasser aus dem Felsen sprudeln und alle können trinken!"

Das Wunder geschah und alle lobten Gott. Man erzählte überall davon.

Auch Moses Schwiegervater, der Midianiter-Priester, hörte von den Wundern, die der Gott der Israeliten für sein Volk getan hatte. Er ritt zu ihrem Lagerplatz in der Wüste und sagte zu Mose:

„Jahwe ist groß. Lasst uns zu ihm beten und ihm
gemeinsam unser Opfer darbringen!"
Als sich am nächsten Morgen wie üblich alle Leute,
die Streit und Ärger hatten, um Mose drängten,
damit er Recht spräche, sagte sein Schwiegervater:
„Was soll das? Du sitzt allein da, und die Leute müssen
von früh bis spät bei dir anstehen, um einen
Streitfall zu lösen? Das ist zu schwer für dich allein.
Vertritt du das Volk vor Gott und unterrichte es
in seinen Gesetzen. Dann suche tüchtige,
gottesfürchtige Männer,
die sich nicht bestechen lassen.
Die sollen Richter sein und
alle leichteren Fälle selbst entscheiden."
Das war ein guter Rat. Denn wenn so viele
Menschen zusammenleben, gibt es auch
viel Streit. Mose wählte erfahrene Männer
aus und setzte sie als Richter ein.
Aber noch gab es kein geschriebenes Gesetz.

Die Zehn Gebote

Drei Monate nach dem Auszug aus Ägypten ließ Mose am Berg Sinai, den man auch den Gottesberg nannte, ein Zeltlager errichten.

Mose stieg auf den Berg hinauf, um näher bei Gott zu sein. Eine Wolke verhüllte den Gipfel. Mose ging mitten in die Wolke hinein.

Gott sprach zu Mose: „Ich habe euch aus Ägypten geführt. Ich habe euch nicht verhungern und verdursten lassen. Ich werde euch weiter beschützen und ich habe etwas Besonderes mit euch vor. Ich will einen Bund mit euch schließen. Aber ihr müsst meine Gesetze halten. Drei Tage lang sollt ihr nicht auf den Berg steigen. Nicht einmal mit dem Fuß sollt ihr ihn berühren. Wascht eure Kleider und bereitet euch auf den dritten Tag vor. Da werde ich auf den heiligen Berg kommen und dir meine Gesetze geben." Als Mose wieder vom Berg herunterkam, sahen ihm alle gespannt entgegen. Mose berichtete, was Gott gesagt hatte.

Am dritten Tag begann es zu donnern und zu blitzen. Schwere Wolken lagen über dem Berg. Der ganze Sinai war in Rauch gehüllt und bebte. Alle bekamen Angst. Viele liefen weg und versteckten sich. Mose aber ging hinauf zu der dunklen Wolke, in der Gott war. Vierzig Tage und Nächte blieb Mose auf dem Berg bei Gott. Gott redete immer wieder mit Mose. Er erklärte ihm, was er vorhatte, was der Bund und die Gesetze bedeuteten und wie sich alle verhalten sollten. Gott befahl Mose, Tafeln aus Stein zu schlagen, auf denen seine Gebote stehen sollten. Später sollte er eine Truhe aus kostbarem Holz für die Gesetzestafeln anfertigen lassen. Die sollte mit goldenen Engeln, goldenen Ringen und goldenen Tragstangen versehen werden, damit die Israeliten sie auf ihrer Wanderung überall mit hinnehmen konnten. In einem Zelt aus kostbaren Stoffen sollte das tragbare Heiligtum aufbewahrt werden. Man nannte diesen Reisetempel später das Offenbarungszelt oder die Stiftshütte, und die Truhe nannte man die Bundeslade, weil in ihr die Gesetze lagen, die für den Bund zwischen Gott und seinem Volk gelten sollten.

Die Zehn Gebote, die Gott Mose übergab:

Ich bin der Herr, dein Gott, der dich aus Ägypten geführt
und von der Sklaverei befreit hat.

Du sollst keine anderen Götter neben mir haben.
Du sollst den Namen deines Gottes nicht missbrauchen.
Du sollst den Sabbat heiligen.
Du sollst deinen Vater und deine Mutter ehren.
Du sollst nicht morden.
Du sollst nicht die Ehe brechen.
Du sollst nicht stehlen.
Du sollst nicht falsch gegen deinen Nächsten aussagen.
Du sollst nicht neidisch sein auf das, was anderen gehört.

Der Tanz um das Goldene Kalb

Vierzig Tage sind eine kurze Zeit, wenn man so große Dinge erlebt wie Mose.
Vierzig Tage sind eine lange Zeit, wenn man warten muss wie das Volk Israel am
Fuße des Berges Sinai. Kein Wunder, dass das Volk wieder ungeduldig wurde.
Viele fingen an zu jammern und zu murren. Einige kamen zu Aaron und klagten:
„Dein Bruder Mose ist in der Wolke verschwunden. Vielleicht kommt er gar nicht
wieder? Und seinen Gott sehen wir auch nirgends. Wir brauchen einen Gott, den
wir sehen und anbeten können."
Aaron gab sich Mühe, die aufgebrachte Menge zu beruhigen. Schließlich
beschloss er, dem Volk das zu geben, was es haben wollte, und sprach: „Bringt
mir die goldenen Ohrringe und Armbänder eurer Frauen, Söhne und Töchter.
Dann will ich euch einen Gott nach eurem Geschmack machen!" Aaron schmolz
den Schmuck ein und ließ daraus ein goldenes Kalb fertigen, wie es einige der
Heiden verehrten. Er stellte das Götzenbild auf einem Steinaltar auf und sagte:
„Da habt ihr euren Gott. Morgen feiern wir ein Fest zu seiner Ehre." Am nächsten
Tag brachte das Volk Brandopfer dar und setzte sich um den Altar, um zu essen,
zu trinken und sich zu vergnügen. Immer ausgelassener wurden sie und begannen
schließlich, johlend um das goldene Kalb zu tanzen. Jetzt hatten sie einen Gott,
den sie anschauen und anfassen konnten.

Als Mose am vierzigsten Tag vom Berg herunterkam, hörte er das Gejohle und Geschrei schon von Weitem. Entsetzt sah er, dass alle um das goldene Götzenbild tanzten.

Im Zorn schleuderte er die Steintafeln fort und zerschmetterte sie am Fuß des Berges. Dann packte er das Kalb und warf es ins Feuer. Wütend stellte er seinen Bruder Aaron zur Rede: „Wie konntest du das zulassen?"

„Das Volk hat es so gewollt", sagte Aaron.

„Ihr habt schwer gesündigt", schimpfte Mose. „Ausgerechnet jetzt, wo Gott seinen Bund mit uns geschlossen hat. Aber ich will noch einmal auf den Berg gehen und Gott um Vergebung bitten!"

Vierzig Tage und vierzig Nächte fastete Mose auf dem Berg Sinai und betete zu Gott: „Mein Volk hat sich einen Götzen aus Gold gemacht. Bitte verzeih ihnen diese Sünde. Wenn du willst, nehme ich die Strafe auf mich."

Endlich antwortete Gott. „Ich werde nur die Schuldigen bestrafen. Schlag noch einmal zwei steinerne Tafeln aus dem Fels. Ich werde darauf die Worte schreiben, die auf den ersten Tafeln standen."

Als Mose mit den neuen Steintafeln vom Berg Sinai herunterkam, leuchtete sein Gesicht hell wie die Sonne, weil er mit Gott gesprochen hatte. Aaron und alle Israeliten kamen zu ihm. Mose erklärte ihnen die Gebote und alles, was ihm Gott gesagt hatte.

Mose schickt Kundschafter aus

Eines Morgens wählte Mose zwölf Kundschafter aus. Von jedem der zwölf Stämme Israels einen besonders tüchtigen und zuverlässigen Mann. Er befahl ihnen, alles über das Land Kanaan herauszufinden.

„Seht euch genau um, wie dieses Land beschaffen ist, das Gott unseren Vätern versprochen hat. Sind die Städte befestigt oder leicht zu erobern? Sind die Bewohner stark bewaffnet? Wie werden sie sich verteidigen? Erforscht außerdem Pflanzen und Tiere und bringt Proben von den Früchten des Landes mit."

Die zwölf Spione zogen los. Sie durchquerten Wüsten und Gebirge und kamen ins Jordantal. Es war Herbst und überall reiften die Früchte. Den Männern, die die meiste Zeit ihres Lebens als Nomaden in der Wüste verbracht hatten, kam das Land am Fluss wie das Paradies vor. Sie füllten Körbe und Satteltaschen ihrer Lasttiere mit Obst und Gemüse. Im Traubental schnitten sie eine Traube ab, die so groß war, dass zwei Männer sie auf Stangen tragen mussten.

Nach vierzig Tagen kehrten sie zurück und berichteten: „Es ist wirklich ein Land, in dem Milch und Honig fließen. Aber die Menschen, die dort wohnen, sind groß und stark, und sie schützen ihre Städte mit mächtigen Mauern."

„Wir haben wahre Riesen dort gesehen", behauptete einer der Kundschafter. „Wir kamen uns wie kleine Heuschrecken neben ihnen vor. Sie sind schwer bewaffnet. Wenn wir das Land in Besitz nehmen, werden sie uns umbringen."

Da fing das Volk Israel wieder an zu jammern und beklagte sich bei Mose: „Da siehst du es! All unsere Mühen und Entbehrungen waren umsonst. Gott hält sein Versprechen nicht. Da wären wir lieber in der Wüste verdurstet oder in Ägypten geblieben, als uns von Riesen mit dem Schwert töten zu lassen!"

Aber zwei der Kundschafter, Josua und Kaleb, hatten Vertrauen zu Gott. Sie versuchten, die Leute zu beruhigen. Kaleb sagte:

„Wenn uns Gott dieses Land versprochen hat, wird er sein Versprechen halten."

„Gott wird uns helfen", sagte auch Josua. „Habt nur Mut!"

Aber die Leute waren nach den vielen Entbehrungen so ungeduldig und enttäuscht, dass sie drohten, Mose und Aaron zu steinigen.

Da wurde Mose wütend und schimpfte: „Wie lange wollt ihr noch jammern und klagen? Welche Zeichen und Wunder soll unser Gott noch tun, damit ihr ihm vertraut? So hört: Keiner von euch wird das gelobte Land sehen. Keiner, außer Josua und Kaleb. Erst wenn ihr gestorben seid, werden eure Kinder und Kindeskinder dorthin kommen!" Auch Mose selbst erreichte das Land Kanaan nicht mehr. Als er spürte, dass sein Leben zu Ende ging, ernannte er Josua zu seinem Nachfolger. Der sollte das Volk Israel endlich in das Land führen, das Gott schon Abraham, Isaak und Jakob versprochen hatte.

Mose hatte ein langes und erfülltes Leben hinter sich. Und die letzten vierzig Jahre, in denen er mit seinem Volk durch die Wüste gezogen war, waren besonders anstrengend gewesen. Kurz vor seinem Tod stieg er aus der Steppe von Moab hinauf auf den Berg Nebo. Von dort aus konnte er in das Jordantal sehen, auf dessen anderer Seite die Stadt Jericho lag. So hatte er das Ziel der langen Wanderung seines Volkes wenigstens vor Augen, ehe er starb.

Josua sendet Spione nach Jericho

Nach Moses Tod übernahm Josua die Führung des Volkes Israel. Es waren vierzig Jahre vergangen, seit er selbst als Kundschafter im Jordantal gewesen war. Da hatte sich viel verändert. Bei Schittim, in der Nähe von Jericho, machte er Halt. Ehe er den Jordan überquerte, schickte er zwei Spione los, die sich innerhalb der mächtigen Stadtmauern Jerichos genau umsehen sollten.

Als die Kundschafter am späten Nachmittag durch eines der großen Tore in die Stadt kamen, taten sie, als seien sie harmlose Reisende. Vor einem der Häuser an der Stadtmauer stand eine Frau, die öfter für Geld Gäste aufnahm. Sie hieß Rahab. „Wir suchen ein Nachtquartier. Können wir bei dir bleiben?", fragten die Männer. Rahab war einverstanden und führte sie ins Haus.

Dem Torwächter kamen die fremden Reisenden verdächtig vor. Er beobachtete, wohin sie gingen, und meldete es der Polizei.

„Vermutlich sind es Spione der Israeliten, die bei Schittim auf der anderen Seite des Jordans lagern", sagte er.

Da gingen zwei Polizisten zum Haus der Rahab, klopften an die Tür und riefen: „Du hast zwei Spione im Haus! Schick sie heraus!"

Rahab wollte ihren beiden Gästen helfen und flüsterte: „Schnell, klettert aufs Dach und versteckt euch dort unter dem Flachshaufen!"

Dann ging sie zur Tür und sagte zu den Polizisten: „Die beiden Männer sind längst wieder weg. Sie wollten die Stadt verlassen, ehe die Tore geschlossen werden. Wenn ihr euch beeilt, könnt ihr sie vielleicht noch erwischen!"

Nachdem die Polizisten weggegangen waren, stieg Rahab aufs Dach und sagte zu den Fremden: „Alle Menschen in Jericho fürchten sich vor eurem Volk. Sie haben von eurem mächtigen Gott gehört, der euch aus Ägypten befreit und durch die Wüste geführt hat. Sie kennen auch die Prophezeiung, dass Gott euch dieses Land versprochen hat.

Wenn ihr nach Jericho kommt und die Stadt erobert,
tut bitte mir und meinen Verwandten nichts an.
Schwört es mir, dann will ich euch retten!"
Das schworen die beiden bei ihrem Leben.
Rahab holte ein rotes Seil. Das befestigte sie
am Fenster. Sie warf das andere Ende über die
Stadtmauer, die mit der Rückwand ihres Hauses
verbunden war, und sagte: „Wie gut, dass es jetzt
stockfinster ist. Da könnt ihr unbemerkt
hinunterklettern. Lauft ins Gebirge und versteckt
euch ein paar Tage. Dann werden euch die
Polizisten nicht erwischen."
Ehe die beiden durch das Fenster stiegen,
sagten sie: „Wir werden unser Versprechen
halten, Rahab. Aber du musst deine ganze
Familie ins Haus holen und als
Erkennungszeichen das rote Seil ans
Fenster binden. Dann werden dein Haus
und deine Familie verschont bleiben."

Die Trompeten von Jericho

Der König von Jericho hielt jetzt aus Furcht vor den Israeliten den ganzen Tag die Tore fest verschlossen. Keiner konnte heraus und keiner hinein. Die Stadt mit ihren hohen Mauern schien uneinnehmbar zu sein. Da sagte Gott Josua, wie er die Stadt einnehmen sollte.

Sechs Tage lang sollte er mit allen seinen Kriegern die Stadt täglich einmal umkreisen und dabei die Bundeslade mit sich führen. Sieben Priester sollten der Bundeslade vorangehen und auf Widderhörnern blasen. Am siebten Tag sollten sie die Stadt sieben Mal umkreisen. Beim siebten Klang der Widderhörner sollte das ganze Volk in lautes Kriegsgeschrei ausbrechen. Dann würden die Mauern von Jericho einstürzen!

Genauso geschah es. Sechs Tage lang umkreisten die Israeliten mit ihrem Heiligtum und allen Kriegern schweigsam und bedrohlich die verschlossene Stadt. Nur der dumpfe Klang der Widderhörner war zu hören. Als am siebten Tag die Widderhörner zum siebten Mal erklangen, brachen alle in ohrenbetäubendes Kriegsgeschrei aus. Da stürzten die Mauern von Jericho ein und die Eroberer stürmten von allen Seiten in die Stadt.

Sie zerstörten alles. Nur Rahabs Haus, an dem das rote Seil hing, wurde verschont, weil sie die israelitischen Kundschafter gerettet hatte.

Danach eroberte Josua noch viele Städte. Einunddreißig Könige wurden besiegt. Das Volk Israel, das so lange auf der Wanderschaft gewesen war, wurde sesshaft. Man baute Häuser, Dörfer, Städte. Viele wurden Bauern und Viehzüchter. Jakobs Nachkommen hatten endlich eine Heimat gefunden.

Die Stämme Israels wurden nach den zwölf Söhnen Jakobs benannt. Sie hießen Ruben, Simeon, Levi, Juda, Issachar, Sebulon, Benjamin, Dan, Naftali, Gad und Ascher. Josefs Name fehlte. Aber dafür wurden nach seinen Söhnen Efraim und Manasse sogar zwei Stämme benannt. Levis Nachkommen wurden Priester. Die Leviten lebten im ganzen Land verteilt, denn sie wurden überall gebraucht. Alle anderen bekamen einen bestimmten Landesteil zugewiesen, der nach ihnen benannt wurde.

Samuel wird Tempeldiener

Nachdem das Volk Israel sesshaft geworden war, musste auch die Bundeslade nicht mehr in einem beweglichen Zelt herumgetragen werden. Man suchte einen würdigen Platz und fand ihn bei dem Ort Schilo. Dort bauten die Israeliten einen Tempel aus Stein für das Heiligtum. Vor dem Tempel wurde ein Altar errichtet. Die Gläubigen aller israelitischen Stämme kamen an den Feiertagen von weit her, um dort zu opfern und zu beten.

Als Eli der oberste Priester am Tempel von Schilo war, kam einmal Hanna, eine junge Frau, zum Tempel. Sie weinte und betete vor dem Altar. „Lieber Gott, schenk mir doch bitte einen Sohn. Wenn du meinen Wunsch erfüllst, soll er Priester werden und dir dienen." Eli, der aus der Ferne beobachtete, wie die junge Frau ständig die Lippen bewegte und weinte, ging zu ihr hin und sagte: „Was ist los mit dir? Hast du etwa nach dem Opfer zu viel Wein getrunken?"

Die Frau schluchzte und sagte: „Ich bin nur unglücklich, weil ich kein Kind bekomme! Deshalb habe ich so lange zu Gott gebetet." Da segnete Eli sie und sagte: „Dann gehe hin in Frieden. Gott wird deine Bitte sicher erhören."

Einige Zeit später bekam die Frau tatsächlich einen Sohn. Sie nannte ihn Samuel. Als er alt genug war, löste sie ihr Versprechen ein und brachte ihn zum Tempel. Samuel blieb bei Eli im Tempel, der ihn alles lehrte, was ein Priester wissen musste. Er war für den Tempeldienst viel besser geeignet als Elis beide Söhne, die ihrem Vater viel Kummer bereiteten.

Eines Nachts hörte Samuel, wie jemand laut seinen Namen rief. Er stand auf und
lief zu Eli. Aber der versicherte ihm, dass er nicht gerufen hatte. Noch zweimal
hörte Samuel die Stimme. Als er Eli zum dritten Mal weckte und von der Stimme
berichtete, sagte Eli: „Samuel, das muss die Stimme Gottes sein! Das nächste Mal
antworte: Rede, Herr, denn dein Diener hört auf dich."
Samuel legte sich wieder auf sein Bett und spitzte die Ohren. „Samuel! Samuel!",
erklang es aus der Dunkelheit. Samuel antwortete so, wie Eli es ihm gesagt hatte.
Da sprach Gott zu ihm: „Die Söhne Elis sind schlechte Menschen. Du musst ihrem
Vater sagen, dass sie nicht im Tempel dienen können."
Es fiel Samuel nicht leicht, Eli am nächsten Morgen diese unerfreuliche Nachricht
zu überbringen. Eli war sehr unglücklich, als ihm Samuel von seinem Traum erzählte.
Er seufzte: „So geschehe es, denn es ist Gottes Wille."
Samuel wurde später ein berühmter Priester und Prophet. Gott hatte ihn dazu
auserwählt, Saul aus dem Stamm Benjamin zum
König von Israel zu salben.

David und Goliat

Seit das Volk Israel in Kanaan lebte, gab es ständig Krieg, und seit Saul König war, unternahm er einen Kriegszug nach dem anderen. Nach einem Sieg über das Volk der Amalekiter führte er Krieg mit den Philistern, die an der Küste wohnten und das Land beherrschen wollten.

Einmal standen sich das Heer von König Saul und das der Philister im Terebinthental feindselig gegenüber.

Auch die ältesten Söhne des Bauern Isai aus Betlehem waren mit König Saul ins Heerlager gezogen. Deshalb musste der Vater mit dem jüngsten Sohn David die Herdentiere allein versorgen. David stellte sich dabei sehr geschickt und mutig an. Einmal verfolgte er sogar einen Löwen, der ein Schaf aus der Herde reißen wollte, und erschlug ihn mit seinem Hirtenstock.

Eines Morgens sagte Isai zu David: „Heute gehst du nicht zum Hüten aufs Feld. Ich mache mir Sorgen um die drei Großen. Laufe zum Heerlager im Terebinthental und bringe ihnen etwas Proviant. Hier ist geröstetes Getreide und da sind zehn frische Brote. Für den Hauptmann nimm zehn Käselaibe mit. Erkundige dich, ob es deinen Brüdern gut geht." David machte sich rasch auf den Weg. Als er bei der Wagenburg ankam, stellten sich die Soldaten von König Saul gerade an einem Hügel zum Kampf auf. Ihre Feinde, die Philister, bereiteten sich auf dem gegenüberliegenden Berghang auf die Schlacht vor. Sie waren mit gefährlichen Waffen ausgerüstet, denn sie hatten tüchtige Schmiede, die sich aufs Waffenhandwerk verstanden.

David übergab den mitgebrachten Proviant dem Gepäckhüter. Hatte der Vater nicht gesagt, er solle erkunden, ob es den Brüdern gut gehe? Neugierig schlängelte er sich durch bis in die erste Schlachtreihe.

„Bist du verrückt? Was suchst du denn hier?", rief sein ältester Bruder ärgerlich, als er ihn erblickte. „Du willst dir wohl ein bisschen den Krieg ansehen? Geh nach Haus!

Das ist nichts für Kinder!" Ehe David antworten konnte, trat der Vorkämpfer der Philister vor. „Ihr Zwerge! Warum stellt ihr euch in Schlachtordnung auf, als wolltet ihr kämpfen? Hört endlich auf meine Worte: Wählt den stärksten Mann aus. Er stelle sich zum Kampf. Erschlägt er mich, so wollen wir euch untertan sein. Siege ich, dann müsst ihr euch unterwerfen und uns dienen!" Danach verhöhnte und verspottete er die Israeliten, weil sie seit Tagen nicht in der Lage waren, einen passenden Kämpfer zu finden. Der Mann hieß Goliat und war mehr als drei Meter groß, seinen Bronze-Helm gar nicht mitgerechnet. Er trug einen Schuppenpanzer und Beinschienen. Sein Speer war so dick wie ein Baum und hatte eine mächtige Eisenspitze.

„Habt ihr das gehört? Er verspottet das Volk Gottes!", rief David empört. „Findet sich denn keiner, der gegen diesen Angeber antritt?"

„Leider nicht", seufzte sein Bruder. „Obwohl König Saul ihm Reichtum, Steuerfreiheit und die Hand seiner Tochter versprochen hat!"

„Dann werde ich gegen ihn kämpfen!", sagte David mutig. Seine Brüder lachten ihn aus. Als König Saul hörte, dass da endlich einer war, der es mit dem Riesen Goliat aufnehmen wollte, ließ er David zu sich bringen. Enttäuscht sah er auf David und sagte: „Du kannst nicht mit dem Riesen kämpfen. Du bist fast noch ein Kind!"

„Ich bin stärker, als ich aussehe!", rief David entschlossen. „Ich habe mit Löwen und Bären gekämpft, wenn sie meine Herde bedrohten. Gott hat mir Kraft gegeben und mich beschützt. Er wird mich auch jetzt beschützen."

König Saul sah David immer noch zweifelnd an. Aber weil er keine andere Lösung wusste, schickte er nach dem Rüstmeister. Der sollte David seine eigenen Waffen und seine Rüstung anpassen, denn Waffen waren knapp, weil die meisten Schmiede nur für die Philister arbeiteten. David sah in der Rüstung des Königs sehr komisch aus. Alles war ihm zu groß und der Helm rutschte ihm übers Gesicht. König Saul gab ihm sein Schwert, weil es ein besonders gutes Schwert war. Aber als David den Waffengürtel umlegte, schleifte das Schwert am Boden.

Er ging ein paar Schritte und stolperte über seine eigenen Beine.

„Tut mir leid. So kann ich nicht kämpfen", sagte David schließlich und zog kurzentschlossen alles wieder aus. „Ich muss mich bewegen können." David nahm seinen Hirtenstab in die Hand und suchte sich am Bach fünf glatte Kieselsteine. Die steckte er in die Hirtentasche zu seiner Schleuder. Dann machte er sich auf den Weg.

„Was soll ich mit diesem Winzling? Ihr wollt mich wohl verspotten?", rief Goliat empört, als er David auf sich zukommen sah.

„Ich werde gegen dich kämpfen", rief David. „Mit einem Stock kommst du? Bin ich ein Hund? Komm mir nur näher, dann werde ich dein Fleisch den Raben zum Fraß vorwerfen!", drohte der Riese.

„Du trittst mit dem Schwert an. Ich aber komme im Namen des Gottes Israels, den du verspottet hast", antwortete David. „Mal sehen, wer stärker ist!"

Sie beschimpften einander noch eine Weile. Dann trat Goliat wutschnaubend auf David zu. Der griff flink in seine Hirtentasche, legte einen Stein in seine Schleuder und zielte auf den Riesen. Der Kieselstein flog dem riesigen Mann mit einer solchen Wucht an die Stirn, dass er tot umfiel.

Als die Philister sahen, dass ihr stärkster Mann gefallen war, bekamen sie Angst und flohen. König Sauls Soldaten jagten hinter ihnen her und vertrieben sie aus dem Land. Das Volk jubelte und sang Lieder, in denen es immer wieder hieß: „Saul hat tausend geschlagen, aber David zehntausend."

Das hörte König Saul nicht besonders gern. Er spürte die Stärke, die von dem kleinen David ausging. Aber er wusste noch nicht, dass David einmal König von Israel werden würde. Ein größerer und mächtigerer König, als Saul selber war.

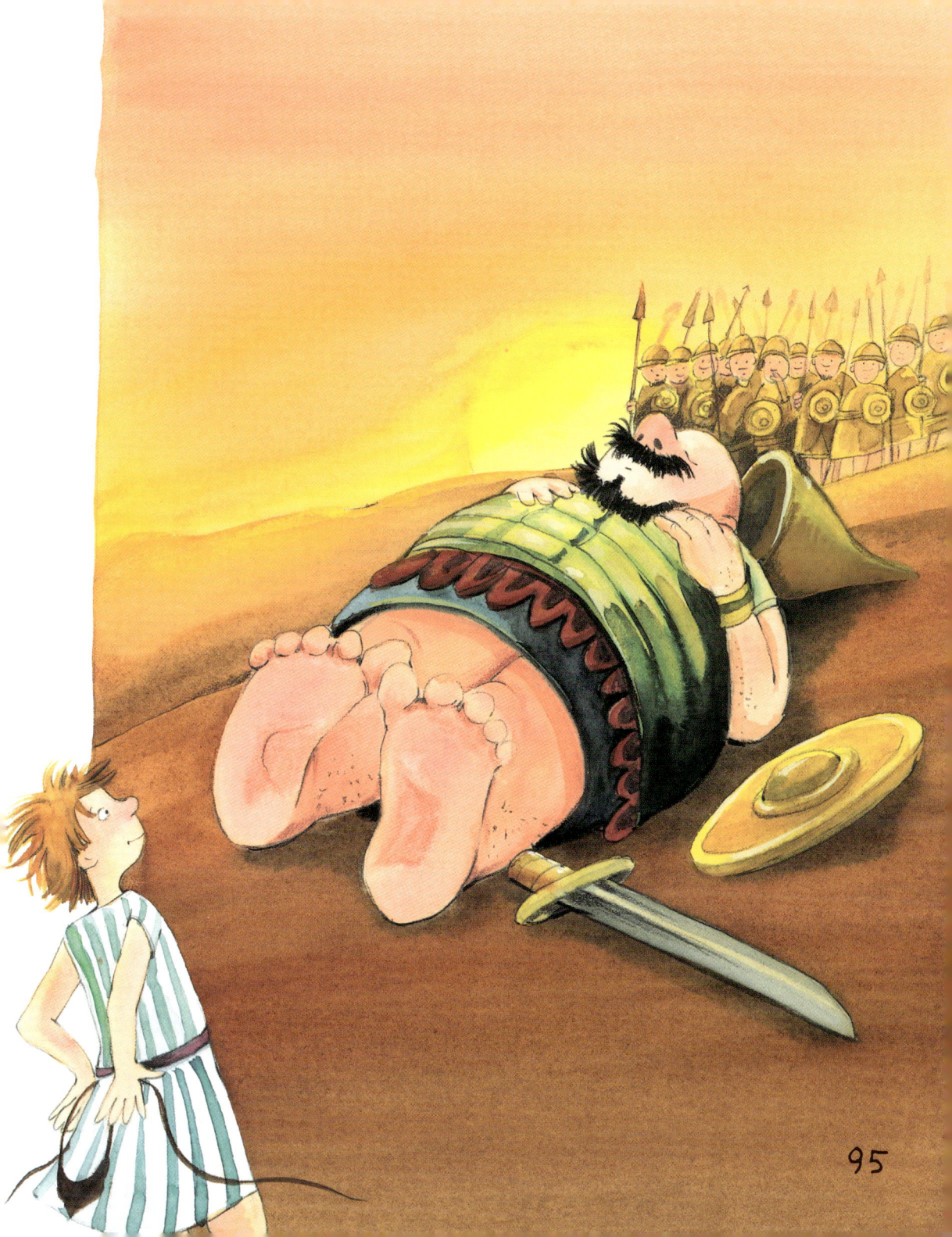

95

David muss fliehen

König Saul hielt Wort und gab David seine Tochter Michal zur Frau. Aber Saul war eifersüchtig und neidisch, weil David beim Volk beliebter war als er. Außerdem war Saul jähzornig. Einmal, als David auf der Harfe spielte, um des Königs schlechte Laune zu vertreiben, ergriff Saul seinen Speer und warf ihn nach David.

Der konnte dem Tod durch eine geschickte Kopfdrehung in letzter Sekunde ausweichen. Saul wollte David nicht länger um sich haben. Er schickte ihn in den Krieg. Nach jedem Kampf kam David siegreich zurück und sein Ruhm wurde immer größer. Sauls Neid leider auch. Und als David wieder einmal auf der Harfe spielte, warf er wieder mit dem Speer nach ihm.

„Du musst fort! Bring dich in Sicherheit", sagte Michal, die ihren Mann sehr liebte. „Sonst tötet dich mein Vater. Er denkt, dass du an seiner Stelle König werden willst, wie es Samuel prophezeit hat."

Vor dem Haus warteten bereits Soldaten, die David festnehmen sollten. Da löschte Michal die Lampen und ließ David heimlich durchs Fenster in den Hof hinabklettern. Weil es dunkel war, bemerkten es die Soldaten nicht.

96

Michal legte eine Holzfigur in Davids Bett
und legte um den Kopf ein Geflecht von
Ziegenhaaren. Als die Soldaten kamen,
ließ sie sie ins Zimmer sehen und sagte,
David fühle sich nicht wohl und läge im Bett.
Erst als die Soldaten später das Haus
durchsuchten, bemerkten sie,
dass sie auf einen Trick hereingefallen waren.
David suchte Zuflucht im Haus des Propheten
Samuel in Rama. Da war er für eine Weile sicher.
Später kehrte er mit Hilfe von Sauls Sohn Jonatan,
der sein bester Freund geworden war,
für einige Zeit an den Hof zurück.
Aber dann musste sich David wieder
verstecken, weil König Sauls Zorn
unberechenbar geworden war.

David wird König

Einmal, als sich David mit anderen Männern in einer Höhle in den Bergen versteckte, kam König Saul mit einigen Reitern vorbei. Er stieg ab, um in der kühlen Höhle Rast zu machen. Weil es draußen blendend hell und drinnen finster war, konnte er die Männer, die sich weit hinten in der Höhle befanden, nicht erkennen. „Das ist Saul! Töte ihn!", flüsterte einer der Männer David zu. „Er hat dir und anderen so viel Unrecht angetan!" David kroch durch den dunklen Höhlengang nach vorn, wo sich Saul zur Ruhe niedergelassen hatte. Ganz leicht hätte er ihn jetzt töten können. Aber David schnitt stattdessen mit dem Schwert nur ein Stück von Sauls Gewand ab. Dann zog er sich in das Innere der Höhle zurück.

Als Saul wieder aufbrach und aufs Pferd steigen wollte, lief David vor die Höhle und rief: „Mein Herr und König!" Erstaunt drehte sich Saul um.

„Du warst in meiner Gewalt. Wenn ich gewollt hätte, hätte ich dich in der dunklen Höhle umbringen können. Aber ich habe nur den Saum deines Mantels abgeschnitten. Erkennst du jetzt, dass ich dir nicht schaden will?" Er zeigte ihm den Stofffetzen als Beweis. Da musste Saul erkennen, dass David nicht sein Feind war. Er schämte sich sehr und sagte: „Ich weiß, dass du eines Tages der neue König sein wirst. Bitte verschone meine Familie. So will ich dich auch verschonen!"

David wusste, dass er sich auf Sauls Worte nicht verlassen konnte, denn seine Seele war krank von Neid und Hass. So hielt er sich weiter vom Hof fern, bis Saul gestorben war. Er fiel in einer Schlacht gegen die Philister, genau wie die meisten seiner Söhne. Leider auch Davids bester Freund Jonatan, für den David einen Psalm, ein Lied, zur Erinnerung schrieb.

Danach wurde aus dem Bauernjungen David der König von Juda, wie es Samuel prophezeit hatte. Er wurde in Hebron zum König gesalbt.

König David vergrößerte sein Reich bald. Er eroberte nach und nach immer mehr Stadtstaaten und schließlich auch Jerusalem.

Er machte sie zur Hauptstadt seines ganzen vereinten Reiches.
Aber David vergrößerte nicht nur sein Reich, sondern auch seine Familie. Er hatte viele Frauen, Nebenfrauen und Kinder. So wurde er später zum Stammvater unzähliger Menschen. Und weil er in Betlehem geboren war, mussten tausend Jahre später alle seine Nachkommen dorthin zurückkehren, um sich in die Steuerlisten des Kaisers Augustus einzutragen. Auch Maria und Josef.

Der gute Hirte

Ein Lied von König David, der einmal selbst Hirte war

Der Herr ist mein Hirte, nichts wird mir fehlen.
Er lässt mich auf grünen Auen weiden
und führt mich zum Rastplatz am Wasser.
Er stillt mein Verlangen,
er leitet mich auf rechten Pfaden,
wie er es versprochen hat.
Auch wenn ich durch finstere Schluchten wandere,
fürchte ich kein Unheil,
denn du bist bei mir,
dein Stock und Stab beschützen mich.
Du deckst den Tisch für mich
vor den Augen meiner Feinde.
Du salbst mein Haupt mit Öl,
du füllst meinen Becher.
Güte und Barmherzigkeit werden mir folgen
mein Leben lang,
und ich darf im Haus des Herrn wohnen,
solange ich lebe.

Gott, der Wächter Israels

Ein Lied, das Pilger auf der Wallfahrt sangen

Ich hebe meine Augen auf zu den Bergen.
Woher kommt mir Hilfe?
Meine Hilfe kommt vom Herrn,
der Himmel und Erde gemacht hat.
Er lässt deinen Fuß nicht straucheln,
der dich behütet, schläft nicht.
Nein, der Hüter Israels schläft und schlummert nicht.
Der Herr ist dein Beschützer, er gibt dir Schatten,
er geht an deiner Seite.
Bei Tag wird dir die Sonne nicht schaden,
noch der Mond bei Nacht.
Der Herr behüte dich vor allem Bösen,
er behüte dein Leben.
Der Herr behüte dich, wenn du fortgehst
und wiederkommst,
von nun an bis in Ewigkeit.

König Salomo baut den Tempel

Nach König Davids Tod wurde sein Sohn Salomo zum König gesalbt.
Gott erschien ihm im Traum und fragte ihn, was er sich für seine Herrschaft wünsche.
„Ich bin jung und unerfahren. Trotzdem soll ich ein großes Reich regieren. Daher
wünsche ich mir, dass ich ein weiser und gerechter König sein werde." Gott sprach:
„Du hättest dir Gold, Silber und Ruhm wünschen können. Oder Böses für deine
Feinde. Aber du willst weise und gerecht sein. Dieser Wunsch gefällt mir und ich
werde ihn erfüllen. Halte dich an meine Gebote. Dann wirst du lange leben!"
Es zeugte von Salomos Weisheit, dass er bald darauf eine Tochter des Pharaos zur
Frau nahm und sich mit dem ägyptischen Herrscher verbündete. So fühlte er sich
vor Angriffen sicher, obwohl die Stadtmauern von Jerusalem noch nicht fertig waren.
Salomo beschloss im vierten Jahr seiner Herrschaft, auf dem Hügel Morija in der
Nähe seines Palastes für seinen Gott einen Tempel aus Stein zu bauen. Es sollte der
schönste und größte Tempel der Welt werden. Er beschäftigte 70 000 Lastträger
und 80 000 Steinhauer im Gebirge. Dazu 3600 Aufseher über die Arbeiter. Er ließ
mächtige Steine für das Fundament brechen und Zedern aus dem Libanon als
Bauholz für Böden, Decken und Wandvertäfelungen heranschaffen. Zwanzig Jahre
wurde an dem Tempel, den Palästen und Säulenhallen gearbeitet. Der Tempelbezirk
wurde von riesigen Mauern beschützt. Im Tempelvorhof durfte sich nur das Volk
Israel aufhalten.
Vor dem Tempel stand ein Steinaltar und ein Wasserbecken. Durch ein Tor mit zwei
Säulen gelangte man in den heiligen Bezirk, den nur die Priester betreten durften.
Im Innersten des Tempels war das Allerheiligste. Darin sollte die Bundeslade aufbewahrt werden. Als der Tempel eingeweiht wurde, lud Salomo Vertreter aller zwölf
Stämme nach Jerusalem ein. Priester vom Stamme Levi trugen die Bundeslade
feierlich zum Altar. Dort wurden 120 000 Schafe und 22 000 Rinder geopfert. Dann
wurde die Lade in das Allerheiligste gebracht. Sieben Tage dauerte das Fest. Und
der fertige Tempel verkündete den Ruhm Salomos und seines großen Gottes.

Das salomonische Urteil

Einmal kamen zwei Frauen zu König Salomo. Sie baten ihn, ihren Streit zu schlichten.
„Wir wohnen beide im gleichen Haus", sagte die eine. „Und wir haben beide im
Abstand von drei Tagen ein Baby bekommen. Nun starb der Sohn dieser Frau. Sie
hat ihn im Schlaf erdrückt. Deshalb stahl sie mein Kind und legte das tote Kind zu
mir ins Bett. Als ich es morgens stillen wollte, sah ich, dass es nicht mehr lebte.
Und dass es nicht mein Kind war!" Da rief die andere Frau:
„Nein, es war genau umgekehrt. Und nicht mein Kind ist tot, sondern ihr Kind!"
„Dein Kind ist tot!", rief die erste Frau. „Du lügst!", schrie die zweite. König Salomo
sah dem Streit nicht lange zu, sondern rief: „Hört auf damit! Ich werde die Sache
rasch entscheiden. Holt mir mein Schwert!"

Als das Schwert gebracht wurde, sagte er: „Hört mein Urteil: Jede von euch soll das halbe Kind bekommen! Schneidet es entzwei!"

Da rief die echte Mutter des Kindes entsetzt: „Nie im Leben! Gebt es ihr – aber tötet es nicht!" Die andere rief: „Ja, zerteilt es. Es soll weder ihr noch mir gehören."

Da sagte Salomo: „Jetzt ist ganz klar, wer die echte Mutter ist. Gebt das Kind der Frau, die um sein Leben gefürchtet hat."

Ganz Israel hörte von dem Urteil und alle bewunderten die Weisheit ihres Königs.

Daniel in Babylon

Nach Salomos Tod zerfiel sein Reich in einen Nordteil und einen Südteil.
Im Norden lag der Staat Israel mit der Hauptstadt Sichem und im Süden der Staat
Juda mit der Hauptstadt Jerusalem.

Fast vierhundert Jahre später kam König Nebukadnezzar von Babylon mit seinem
Heer nach Jerusalem. Er belagerte die blühende Stadt und zerstörte die Paläste
und den Tempel. Viele Juden wurden in die Gefangenschaft nach Babylon
verschleppt und mussten dort für die Babylonier hart arbeiten.

Die kostbaren Tempelgeräte ließ Nebukadnezzar in das Schatzhaus seines Mond-
gottes nach Babylon bringen. Der König befahl seinem Oberkämmerer außerdem,
einige gut aussehende junge Israeliten aus vornehmer Familie an den Hof zu holen.
Wohlerzogen und gebildet sollten sie außerdem sein, damit man ihnen so rasch
wie möglich die babylonische Sprache und Schrift beibringen konnte. Danach
sollten sie bei ihm im Palast Dienst tun. Einer von diesen auserwählten Männern
war ein junger Mann namens Daniel. Er war klug und bescheiden und kannte
sich in vielen Wissenschaften aus. Auch in der Astrologie. So fragte ihn der König
oft um Rat. Er bat ihn, seine Träume zu deuten, und er war mit seinen klugen
Erklärungen sehr zufrieden.

Daniel machte zwar in Babylon Karriere, aber er und seine Freunde vertrauten
weiter fest auf ihren Gott und beteten nicht zu den babylonischen Götzen.
Nachdem König Nebukadnezzar gestorben war, wurde sein Sohn Belsazar König
in Babylon. Belsazar gab eines Abends ein Gastmahl für tausend Menschen in
seinem Palast. Der König war schon halb betrunken, als er die goldenen und silbernen Gefäße holen ließ, die sein Vater aus dem Tempel in Jerusalem geraubt hatte.
Er ließ sie voll Wein schenken und ließ seine Gäste, seine Freunde, seine Frauen
und Nebenfrauen daraus trinken.

Dann prostete er seinen Götzen zu und ließ sie hochleben. Da erschien plötzlich der Finger einer Hand an der weiß getünchten Wand und schrieb im Fackelschein rätselhafte Buchstaben.

Der König erschrak und wurde blass. Er rief nach den babylonischen Wahrsagern und Sterndeutern und sagte: „Wer diese Schrift lesen kann, der soll in Purpur gekleidet werden und eine goldene Kette um den Hals tragen. Außerdem soll er mein Berater werden und der drittwichtigste Mann im Reich sein."

Aber keiner der Weisen des Königs konnte die Schrift deuten.

Da kam die Mutter des Königs und sagte: „Dein Vater hatte einen klugen Berater, Astrologen und Zeichendeuter. Es ist einer von den verschleppten Juden. Er heißt Daniel. Lass ihn rufen. Vielleicht kann er die Zeichen lesen."

So wurde Daniel zu König Belsazar geführt. Der König versprach ihm die gleiche Belohnung wie den anderen, falls er die leuchtende Schrift enträtseln könne.

„Behalte deine Gaben oder schenk sie einem anderen", sagte Daniel. „Die Schrift will ich auch ohne Belohnung deuten. Sie lautet Mene mene tekel u-parsin. Mene heißt ‚gezählt', weil Gott die Tage deines Königtums gezählt hat. Tekel heißt ‚gewogen'. Du wurdest auf der Waage des Schicksals gewogen und für zu leicht befunden. U-parsin heißt ‚geteilt'. Es bedeutet, dass dein Reich bald zwischen den Medern und Persern aufgeteilt werden wird." Belsazar überlegte, ob er Daniel Glauben schenken sollte oder nicht. Das, was die Schrift bedeuten sollte, war nicht gerade vorteilhaft für ihn. Aber dann befahl er, Daniel in Purpur zu kleiden und ihm eine goldene Kette um den Hals zu legen, so wie er es versprochen hatte. Außerdem ließ er verkünden, dass Daniel sein wichtigster Berater sein sollte. Das war des Königs letzte Entscheidung. Denn noch in der gleichen Nacht wurde Belsazar ermordet.

Kurz darauf wurde Babylon vom König der Perser erobert. Er hieß Darius.

Daniel in der Löwengrube

Auch König Darius erkannte schnell, dass Daniel ein kluger Mann war.

„Habt ihr's gehört? König Darius hat Daniel zum Minister gemacht und über die Statthalter erhoben!", erzählten sich die neidischen Höflinge von Babylon.

„Was? Das ist ja allerhand. Na, mal sehen, wie wir ihm die Suppe versalzen können!", meinte einer.

„Man hat schließlich Augen und Ohren. Und einen Fehler macht jeder!", flüsterte ein anderer listig.

„Und man hat seine Beziehungen", ergänzte ein dritter.

Daniel ahnte nichts von dem Neid und der Missgunst der anderen. Er stand am Fenster des Palastes und sah nach Westen. Dort lag Jerusalem. Dort hatte König Salomos großer Tempel gestanden, der jetzt abgebrannt war. Daniel kniete nieder und betete: „Lieber Gott, lass doch mein Volk bald wieder aus Babylon nach Jerusalem zurückkehren." Einer der Höflinge, die Daniel um seinen Posten beneideten, beobachtete ihn beim Beten. Und weil Daniels Feinde gegen ihn nur vorbringen konnten, dass er einen anderen Gott anbetete als die Leute in Babylon, fädelten sie eine gemeine Verschwörung ein. Sie gingen zum König Darius und sagten: „Großer König, damit Euer Ruhm vollkommen sei, sollte im ganzen Land keiner einen anderen höher achten als Euch oder von einem anderen etwas erbitten als von Euch. Einen ganzen Monat lang. Dann wird man sehen, wer Euch gehorsam ist und wer nicht."

„Das ist eine gute Idee", sagte König Darius geschmeichelt.

„Wer ungehorsam ist, der soll sofort in den Löwenzwinger gesteckt werden. Dort kann er dann zu dem Gott beten, den er für stärker hält als Euch!", schlugen die Berater listig vor. „So soll es sein!", sagte der König.

Am nächsten Tag verbreiteten Boten die Nachricht, dass einen Monat lang niemand mehr beten oder von jemandem etwas erbitten dürfe, außer vom König selbst.

Daniel hörte, was die Boten sagten. Und er konnte sich denken, wer hinter den Plänen steckte: Feinde seines Gottes und seines Volkes.

Gott gehorchen oder dem König? Das war für Daniel keine schwere Entscheidung. Als er wieder am Fenster stand und betete, meldeten es die Spione sofort dem König. „Habt Ihr nicht zugestimmt, dass einer, der zu einem anderen betet außer zu Euch, in die Löwengrube geworfen werden soll?", fragten sie den König.

„Ja, das habe ich", bestätigte der König.

„Dann verhaftet Daniel! Er betet nach wie vor dreimal am Tag zu seinem Gott!"

„Daniel? Ihr könnt doch Daniel nicht den Löwen vorwerfen!", rief der König erschrocken. „Ihr habt Euer königliches Wort gegeben. Wir können es alle bezeugen!", sagten die Männer. „Nach dem Gesetz kann ein königliches Gebot nicht rückgängig gemacht werden!"

Der König schwieg. Die Männer hatten recht. Ein Königswort war ein Königswort. So wurde Daniel geholt und in den Löwenzwinger gesteckt. Die übereifrigen Hofleute verschlossen den Eingang mit einem Stein und mit dem königlichen Siegel, damit Daniel auf keinen Fall entkommen konnte.

In der Nacht konnte Darius nicht schlafen. Er musste immer an Daniel denken. Ob sein Gott stark genug war, um ihm zu helfen?

Als der Löwenzwinger am anderen Morgen geöffnet wurde, lebte Daniel noch! Er saß zwischen den Löwen, die ihm kein Härchen gekrümmt hatten! Ein Wunder war geschehen! Die Hofleute, die Daniel den Tod gewünscht hatten, standen fassungslos herum und waren blass vor Schreck. Was musste das für ein großer und mächtiger Gott sein, der Daniel beschützt hatte! Erschrocken liefen sie davon. Der König schickte Soldaten hinter ihnen her und ließ sie selbst in die Löwengrube werfen. Diesmal waren die Löwen nicht friedlich, und so erlitten die bösen Männer selbst das Schicksal, das sie Daniel zugedacht hatten.

Nach dem Tod des Königs Darius bestieg der Perserkönig Kyrus den Thron in Babylon. Er erlaubte den Juden, die in Babylon als Gefangene gelebt hatten, wieder nach Jerusalem zurückzukehren. Er gab ihnen sogar die geraubten heiligen Gefäße und Geräte aus dem Tempel mit.

Aber als die Juden nach Jerusalem zurückkamen, fanden sie nur noch eine Ruinenstadt.

Auch der Tempel lag in Trümmern. Sie begannen mit dem Wiederaufbau. Als Erstes errichteten die Priester einen Altar. Sie opferten und beteten. Die Heimkehrer sahen zu, dass sie so rasch wie möglich ein Dach über den Kopf bekamen. Sie ebneten die Wege und bauten Hütten und Häuser. Dann wurde der Tempel errichtet und die Stadtmauer wiederaufgebaut. Die ersten Gärten und Felder wurden angelegt. Alle waren mit großem Einsatz bei der Arbeit. Es war ja ihre eigene Stadt, die sie jetzt errichteten.

Endlich konnten die Juden wieder in Freiheit leben. Für einige Zeit jedenfalls. Denn leider sollte Jerusalem im Laufe der Jahrhunderte noch öfter zerstört werden ...

Jona und der Walfisch

Jona war einer der vielen Propheten, durch die Gott im Laufe der Jahrhunderte zu den Menschen sprach. Eines Tages sagte Gott: „Jona, du musst in die Stadt Ninive reisen und dort predigen. Du sollst den Leuten erzählen, dass mir ihr böses Tun nicht gefällt und dass ich sie bestrafen werde! Wenn sie so weiterleben, wird die ganze Stadt untergehen." Jona hatte keine Lust, nach Ninive zu reisen, das weit im Osten in Mesopotamien lag. Außerdem war das gefährlich. In Ninive lebten die Feinde Israels. Sollten sie doch Böses tun und dafür bestraft werden! Nein, dieser Auftrag gefiel ihm ganz und gar nicht. Jona hüllte sich in seinen Umhang und schlich sich aus dem Haus. Weit weg wollte er. So weit, dass ihn Gott nicht mehr fand. Er lief zum Hafen von Jafo, das heute Jaffa heißt. Da lag ein Schiff, das über das Mittelmeer nach Tarsis Joppe im heutigen Spanien fahren sollte. Das ist weit genug, dachte Jona.

Er ging zu dem Schiff und fragte den Kapitän, der gerade das Beladen des Schiffes beaufsichtigte, ob er mitfahren könne. Der Kapitän war einverstanden. Jona bezahlte das Fahrgeld und ging an Bord. Als das Schiff ablegte, war der Himmel blau und die Sonne schien. Aber Jona war nicht an Deck. Er versteckte sich ganz unten im Schiff, weil er dachte, dass ihn Gott dort nicht sehen würde. Er wickelte sich in seine Reisedecke und schlief bald ein.

Aber Gott entdeckte seinen ungehorsamen Propheten auch in dem finsteren Winkel des Schiffes. Er schickte einen Sturm, der das Schiff auf den Wellen hin und her warf und die Segel zerfetzte. Die Leute auf dem Schiff bekamen Angst. Sie schrien um Hilfe. Die meisten kannten den Gott des Jona nicht und jeder rief seine Götter an. Aber keiner half. Sie warfen alles, was sie entbehren konnten, ins Meer, damit das Schiff leichter wurde. Aber der Sturm ließ nicht nach.

Da erinnerte sich der Kapitän an Jona. Er fand ihn im untersten Schiffsraum, wo er immer noch schlief. „Was fällt dir ein! Wie kannst du schlafen, wenn der Sturm so tobt. Steh auf und ruf deinen Gott an. Vielleicht kann er uns helfen."

„Es muss einer unter uns sein, den die Götter verfolgen!", brummte der Steuermann. „Vielleicht hat er ein Verbrechen begangen. Wir wollen Lose werfen und sehen, wer es ist." Das Los fiel auf Jona.

„Sag uns, wer du bist und wer dein Gott ist!", riefen die Seeleute.

„Ich bin Israelit, und mein Gott ist der mächtige Gott, der das Meer und das feste Land gemacht hat. Und ich bin übers Meer gefahren, damit ich ihm entrinne."

„Was können wir tun, damit dein Gott versöhnt wird und das Unwetter aufhört?", fragte der Kapitän erschrocken. „Werft mich ins Meer, denn ich erkenne, dass dieser Sturm durch meine Schuld gekommen ist", sagte Jona verzweifelt.

Das brachten die Seeleute nicht übers Herz. Sie versuchten mit allen Kräften, das Schiff wieder in ihre Gewalt zu bringen. Aber es gelang ihnen nicht.

Da warfen sie in ihrer Not Jona tatsächlich ins Meer. Fast im gleichen Augenblick hörte der Sturm auf! Da erschraken die Männer sehr. „Wie mächtig ist Jonas Gott!", riefen sie. „Sogar Wind und Meer gehorchen ihm. Das soll auch unser Gott sein."

Als Jona im Meer schwamm, kam ein großer Fisch. Der sperrte sein riesiges Maul auf und verschluckte Jona.

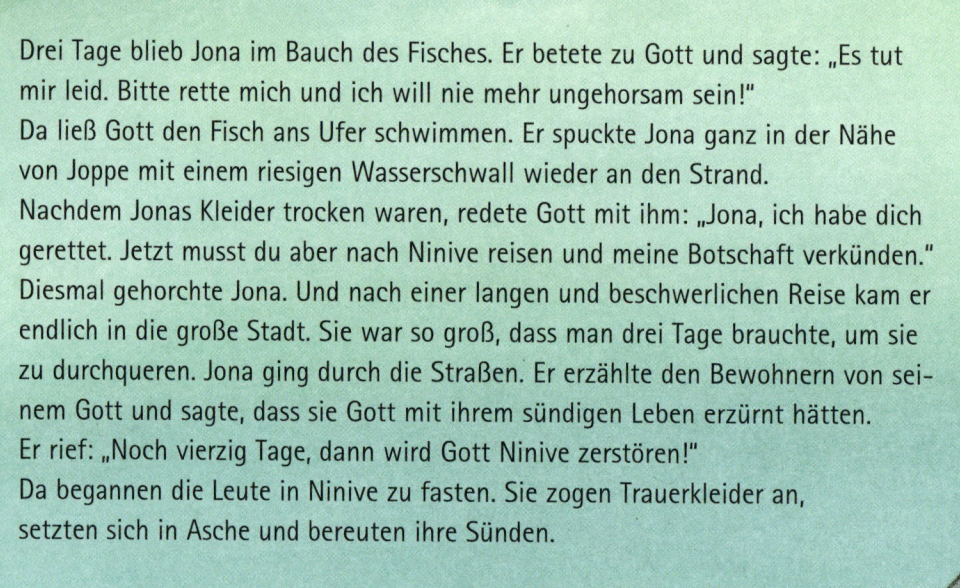

Drei Tage blieb Jona im Bauch des Fisches. Er betete zu Gott und sagte: „Es tut mir leid. Bitte rette mich und ich will nie mehr ungehorsam sein!"

Da ließ Gott den Fisch ans Ufer schwimmen. Er spuckte Jona ganz in der Nähe von Joppe mit einem riesigen Wasserschwall wieder an den Strand.

Nachdem Jonas Kleider trocken waren, redete Gott mit ihm: „Jona, ich habe dich gerettet. Jetzt musst du aber nach Ninive reisen und meine Botschaft verkünden."

Diesmal gehorchte Jona. Und nach einer langen und beschwerlichen Reise kam er endlich in die große Stadt. Sie war so groß, dass man drei Tage brauchte, um sie zu durchqueren. Jona ging durch die Straßen. Er erzählte den Bewohnern von seinem Gott und sagte, dass sie Gott mit ihrem sündigen Leben erzürnt hätten.

Er rief: „Noch vierzig Tage, dann wird Gott Ninive zerstören!"

Da begannen die Leute in Ninive zu fasten. Sie zogen Trauerkleider an, setzten sich in Asche und bereuten ihre Sünden.

Auch der König von Ninive erschrak sehr. Er zog seinen Königsmantel aus und ein grobes Leinengewand an. Dann setzte er sich zum Zeichen seiner Reue in Asche, wie es der Brauch war. Er ließ seine Boten überall in der Stadt ausrufen, dass Menschen und Tiere nichts essen und trinken sollten: „Alle sollten beten und Buße tun. Vielleicht hat Gott ein Einsehen."
Als Gott diese Reue sah, verschonte er die Stadt.

Jona saß inzwischen auf einem Berg vor der Stadt und wartete, dass Ninive endlich zerstört würde. Die Menschen in der Stadt waren Sünder! Mit denen hatte er kein Mitleid. Aber er wartete vergeblich.

Da wurde er ärgerlich. Warum war Gott so nachsichtig mit diesen Heiden? Die Sonne schien und es war sehr heiß. Plötzlich wuchs neben Jona ein Rizinusbaum aus dem Boden. Jona freute sich über den Wunderbaum, der ihm Schatten spendete.

Am nächsten Morgen, als die Sonne aufging, kam ein Wurm. Der fraß den Baum an, sodass er verdorrte. Jona wusste, dass der Baum und der Wurm Zeichen Gottes waren. Aber er verstand sie nicht. Deshalb wurde er wieder zornig und sagte zu Gott: „Wie kannst du zulassen, dass der Wurm den Baum frisst?"

Da sagte Gott: „Wie kannst du wegen des verdorrten Baumes so zornig sein? Du hast ihn weder gepflanzt noch großgezogen. Er ist an einem Tag entstanden und an einem Tag vergangen. Und mir sollte die große Stadt Ninive nicht leid tun, in der außer den Erwachsenen mehr als hundertzwanzigtausend Kinder leben?"

Da erkannte Jona, wie groß und gütig Gott ist, und er schämte sich, dass er so schlechte Gedanken gehabt hatte.

Geschichten aus dem Neuen Testament

Eine aufregende Nachricht

„Zacharias! Wo ist Zacharias?", riefen die Priester im Vorhof des großen Tempels von Jerusalem. Bei der Auslosung für den Tempeldienst im Allerheiligsten war an diesem Tag sein Name gezogen worden. Das war eine große Ehre, die jedem Priester nur einmal im Leben zuteil wurde.

Kein Wunder, dass Zacharias ungeheuer aufgeregt war. Er bahnte sich seinen Weg durch die Menschenmenge, die sich vor dem Tempel versammelt hatte. Keiner außer ihm durfte an diesem Tag das Allerheiligste betreten!

Als Erstes bereitete Zacharias das Brandopfer vor. Er legte Kohle und Weihrauchharz in die goldene Schale auf dem Altar und zündete es an. Ganz still war es jetzt. Der Rauch stieg empor und Wohlgeruch erfüllte den Tempel.

Zacharias betete zu Gott, dass er endlich den Herrn und König senden möge, den die Propheten seit langer Zeit angekündigt hatten. Einen Friedenskönig! Denn Herodes, der im Auftrag des römischen Kaisers als König eingesetzt worden war, war ein grausamer Herrscher. Er hatte aus Machtgier viele Menschen umbringen lassen und Leid über das Land gebracht.

Zacharias war so versunken in sein Gebet, dass er den Engel nicht bemerkte, der plötzlich neben dem Altar stand und zu ihm sagte:

„Fürchte dich nicht! Dein Gebet ist erhört worden! Der Friedenskönig wird kommen. Und dein Sohn soll ihm den Weg bereiten."

„Ich habe doch gar keinen Sohn", rief Zacharias.

„Deine Frau Elisabet wird bald ein Kind bekommen. Dem sollst du den Namen Johannes geben."

Zacharias seufzte und sagte: „Wie soll ich das glauben? Ich bin ein alter Mann und meine Frau Elisabet ist fast so alt wie ich."

„Ich bin der Engel Gabriel. Gott schickt mich, um dir diese frohe Botschaft zu bringen. Und du zweifelst, Zacharias? Weil du meinen Worten nicht glaubst, sollst du stumm sein und nicht mehr reden können, bis alles genau so eingetroffen ist, wie ich es gesagt habe."

Zacharias versah weiter stumm seinen Dienst, wie es vorgeschrieben war.

Erst als er wieder aus dem Tempel hinaustrat und den Segen sprechen wollte, merkte er, dass er tatsächlich nicht mehr reden konnte!

Aufgeregt erklärte er den anderen Priestern mit Händen und Füßen, dass er im Tempel eine Erscheinung gehabt hatte. Einige glaubten ihm, andere nicht. Auch seine Frau Elisabet zweifelte und sagte:

„Du glaubst doch nicht allen Ernstes, dass ich in meinem Alter noch ein Kind bekommen kann?"

Der Engel Gabriel bei Maria

Sechs Monate nachdem der Engel Gabriel bei Zacharias im Tempel gewesen war, kam er in ein kleines Städtchen in Galiläa namens Nazaret. Dort erschien er einer jungen Frau. Sie hieß Maria und war mit einem jungen Mann aus dem gleichen Ort verlobt, der Josef hieß. Er war ein armer Zimmermann, obwohl seine Familie vom König David abstammte.

Maria und Josef wollten bald heiraten. Aber bevor sie eine Familie gründen konnten, musste Josef noch Geld verdienen.

Maria war allein, als der Engel Gabriel plötzlich neben sie trat und sagte: „Sei gegrüßt, der Herr ist mit dir!"

Maria sah ihn erschrocken an.

„Fürchte dich nicht", sagte der Engel. „Du wirst einen Sohn auf die Welt bringen, den sollst du Jesus nennen. Er wird ein großer König sein."

„Wie soll das geschehen, da ich noch nicht mit einem Mann zusammenlebe?", fragte Maria überrascht.

„Der Heilige Geist wird über dich kommen. Das Kind wird heilig sein und Gottes Sohn genannt werden. Bei Gott ist kein Ding unmöglich. Auch deine Verwandte Elisabet wird in drei Monaten einen Sohn bekommen, trotz ihres hohen Alters." Danach verließ sie der Engel.

123

Johannes wird geboren

Die Botschaft des Engels hatte Maria unheimlich aufgeregt. Darüber musste sie unbedingt mit Elisabet sprechen! Sie machte sich auf den Weg ins Bergland von Judäa, um ihre Cousine zu besuchen.

Elisabet stand vor dem Haus, als Maria den Berg heraufkam. Maria sah schon von Weitem, dass Elisabet wirklich schwanger war!

Elisabet umarmte Maria und sagte: „Ich freue mich so, dass du kommst. Und das Kind in meinem Bauch hüpfte vor Freude, als es deine Stimme hörte."

Maria erzählte Elisabet von der Botschaft des Engels und dass sie auch einen Sohn bekommen sollte.

„Ich weiß", sagte Elisabet. „Denn meinem Zacharias ist vor einiger Zeit auch ein Engel erschienen. Er ist darüber so erschrocken, dass er seitdem stumm ist. Der Engel hat ihm verkündet, dass unser Sohn deinem Sohn den Weg bereiten soll!"

Maria blieb drei Monate bei ihrer Cousine und kümmerte sich um sie. Dann kam Elisabets kleiner Sohn auf die Welt. Nachbarn und Verwandte kamen zu Zacharias und Elisabet und fragten: „Wie soll denn das Kind heißen?"

„Johannes", sagte Elisabet.

„Soll er nicht lieber Zacharias heißen, wie sein Vater?", meinte ein Neunmalkluger und deutete auf den stummen Zacharias. Der verlangte ein Schreibtäfelchen und schrieb zur Überraschung aller darauf:

Seine Freunde staunten noch mehr, als er gleich darauf mit kräftiger Stimme bestätigte: „Ja! Johannes soll er heißen!"

Jetzt waren alle fassungslos. Zacharias konnte wieder reden!

Alles war so gekommen, wie es der Engel vorhergesagt hatte.

Das war ein Zeichen dafür, dass Johannes, der Sohn von Zacharias und Elisabet, ein ganz besonderes Kind war.

Nachdem Josef erfahren hatte, dass Maria ein Kind haben würde, das nicht von ihm war, beschloss er, sich in aller Stille von ihr zu trennen.

Während er darüber nachgrübelte, erschien auch ihm ein Engel und sagte: „Josef, Sohn Davids, das Kind, das Maria erwartet, ist ein ganz besonderes Kind. Es ist vom Heiligen Geist. Sie wird einen Sohn gebären, dem sollst du den Namen Jesus geben, denn er wird sein Volk von seinen Sünden erlösen."

Da beschloss Josef, sich um Maria und das Kind zu kümmern und sie zu beschützen. Er nahm Maria als seine Frau in seinem Haus auf.

Die Geburt Jesu

Kaiser Augustus in Rom wollte einen Überblick über die Steuereinnahmen in seinem riesigen Römischen Reich bekommen. Deshalb befahl er, dass alle Leute sich in Steuerlisten eintragen lassen sollten. Das galt auch für die Juden. Zu diesem Zweck musste jeder in die Stadt gehen, in der er geboren war.
Auch Josef, der aus Betlehem stammte, wie König David, machte sich gemeinsam mit seiner Frau Maria auf den Weg.
Von Nazaret in Galiläa bis nach Betlehem in Judäa war es eine weite Reise. Ungefähr 200 Kilometer mussten die beiden zu Fuß zurücklegen. Über eine Woche waren sie unterwegs. Es war kalt und die Reise war sehr beschwerlich. Besonders für Maria. Sie konnte jetzt jeden Tag ihr Kind bekommen.

Als sie schließlich kurz vor Betlehem waren, war es so weit: Die Wehen setzten ein. Josef versuchte verzweifelt, eine Unterkunft für die Nacht zu bekommen. Aber die Herbergen waren voll und sie wurden überall abgewiesen.

Schließlich überließ ihnen ein mitfühlender Mann seinen Stall. Ein Ochs und ein Esel standen darin. Die schienen nichts dagegen zu haben, dass Maria sich ins Stroh legte. Neugierig sahen sie zu, wie das Kind auf die Welt kam. Maria wickelte es in Windeln, und Josef legte es in eine Futterkrippe, die er mit Heu ausgepolstert hatte.

„Es soll Jesus heißen", sagte Maria. „Das hat der Engel gesagt."

„Ja, er soll Jesus heißen", sagte Josef und strich dem Kind zärtlich über die Stirn.

Die Hirten auf dem Feld

Die meisten Menschen in Betlehem schliefen, als Jesus geboren wurde. Nur ein paar Hirten wachten draußen auf dem Feld bei den Schafen.

Sie wärmten sich am Lagerfeuer. Es war eine kalte, sternenklare Nacht.

Plötzlich deutete einer von ihnen auf einen Stern, der heller leuchtete als alle anderen, und sagte: „Seht doch, wie er glänzt!"

„Es ist ein Komet, glaube ich", sagte einer der alten Hirten.

Plötzlich erfüllte ein Rauschen, Strahlen und Leuchten die Nacht. Die Hirten erschraken und hielten die Hand vor die Augen, weil sie so geblendet waren. Ein Engel stand im hellen Licht und sagte: „Fürchtet euch nicht, denn ich verkünde euch eine große Freude. Jesus ist geboren, der König und Retter, auf den ihr alle schon so lange gewartet habt! Wenn ihr dem Stern folgt, findet ihr das Kind. Es liegt in einem Stall in Betlehem in einer Futterkrippe." Und dann kamen noch mehr Engel, die das Lob Gottes sangen und den Menschen auf Erden Frieden wünschten.

Als die Engel wieder verschwunden waren, sahen sich die Hirten an und sagten: „Lasst uns schnell nach Betlehem gehen und sehen, was dort geschehen ist. Wir müssen das Kind finden, und wenn wir jeden einzelnen Stall durchsuchen."

Sie nahmen ein kleines Schaf und ein paar Früchte als Geschenk mit und machten sich auf den Weg. Als sie nach Betlehem kamen, mussten sie nicht lange suchen. Sie fanden den Stall sofort. Der helle Stern wies ihnen den Weg. Licht schimmerte aus der Tür. Vorsichtig näherten sie sich. Sie entdeckten einen Mann, eine Frau und ein Kind, das in einer Krippe lag, wie es der Engel gesagt hatte. Das war also der Retter und König, der die Menschen glücklich machen sollte, die so lange unter Not und Unterdrückung gelitten hatten. Er war nicht in einem Königspalast geboren, sondern in einem Stall und war so arm wie die Hirten! Sie gaben Maria und Josef ihre Geschenke und erzählten, was ihnen der Engel gesagt hatte. Dann knieten sie vor dem Kind nieder und beteten. Danach kehrten die Hirten wieder zu ihren Herden zurück. Sie lobten und priesen Gott für alles, was sie gehört und gesehen hatten.

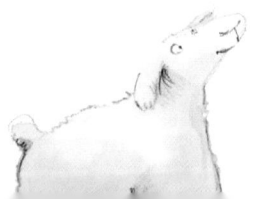

131

Die Weisen aus dem Morgenland

Der helle Stern über Betlehem war auch in ganz fernen Ländern bemerkt und als besonderes Zeichen gedeutet worden. Drei weise, sternkundige Männer machten sich auf den Weg, um nachzusehen, was das Zeichen am Himmel bedeuten sollte. Sie kamen aus dem Osten, den man das Morgenland nannte, weil dort die Sonne aufgeht. Sie waren sich einig, dass dieses Zeichen die Geburt des großen Königs anzeigte, die in den alten Schriften schon lange vorhergesagt war.

Als die drei Weisen nach Jerusalem kamen, gingen sie daher zuerst zum Palast des Königs Herodes. Aber dort wusste man nichts von der Geburt eines Königskindes.

„Ein Königskind?", rief Herodes erschrocken, als er davon erfuhr.

Wer sollte das sein? Und wo war es geboren? In seiner Familie war jedenfalls kein Kind auf die Welt gekommen. Seine eigenen Söhne, die einmal das Reich erben sollten, waren längst erwachsen.

Er rief Hohepriester und Schriftgelehrte zu sich und fragte sie, wo denn dieser geheimnisvolle Königssohn geboren worden sein könnte.

Sie antworteten: „Wahrscheinlich in Betlehem, in Judäa. So steht es jedenfalls bei den Propheten!" Und dann lasen sie die Schriftstelle vor:

„Du, Betlehem im Gebiet von Juda, bist keineswegs die unbedeutendste unter den führenden Städten von Juda; denn aus dir wird ein Fürst hervorgehen, der Hort meines Volkes Israel."

Als Herodes das gehört hatte, fürchtete er um seinen Thron. Er ließ die drei weisen Männer zu sich holen. Sie mussten ihm genau erklären, wo und wann der Stern erschienen war. Dann sagte er listig:

„Geht und forscht nach, wo das Kind ist. Und wenn ihr es gefunden habt, berichtet mir, damit ich auch hingehen kann, um es zu ehren."

Das versprachen die drei sternkundigen Männer, denn sie ahnten noch nichts von den finsteren Gedanken des Königs.

Als die drei Weisen aus dem Morgenland seinen Palast verließen, sah Herodes ihnen mit düsteren Blicken nach. Er wollte schon dafür sorgen, dass keiner ihm oder seinen Söhnen die Königswürde wegnehmen würde.

Die drei Weisen folgten dem Stern, der sie bis nach Betlehem führte. Sie fanden das Kind im Stall, fielen vor ihm auf die Knie, beteten und holten die Geschenke hervor, die sie in den Satteltaschen ihrer Reittiere verwahrt hatten. Darunter waren Weihrauch, Myrrhe und Gold. Wie froh waren sie, dass sie den König der Könige endlich gefunden hatten!

In der Nacht vor der Rückreise hatten sie einen Traum, in dem ihnen gesagt wurde, dass sie nicht zu Herodes zurückkehren sollten, weil der mit dem Kind Böses im Sinn hatte. Daher machten sie einen großen Bogen um Jerusalem und Herodes wartete vergeblich auf sie.

Die Flucht nach Ägypten

König Herodes konnte nicht mehr ruhig schlafen, seit er von der Geburt des Kindes erfahren hatte. Er musste immer an die drei sternkundigen Männer denken. Sie waren so sicher gewesen, dass es der in der Schrift prophezeite König war! Hätten sie sonst eine so weite und beschwerliche Reise gemacht? Und dann dieser Stern! Auch Herodes glaubte daran, dass man aus den Sternen lesen konnte. Bestimmt hatten die Männer das Kind längst gefunden. Aber warum kamen sie nicht zurück? Er schickte Leute los, die nach den Männern suchen sollten. Und nach dem Kind! Er musste dieses Kind finden und es töten, wie er zuvor schon viele getötet hatte, die seiner Macht im Wege waren!

Aber Gott kannte die finsteren Gedanken des Herodes. Er ließ Josef im Traum einen Engel erscheinen, der sagte: „Steh auf, nimm das Kind und seine Mutter und flieh nach Ägypten. Bleibt dort, bis ich euch etwas anderes auftrage; denn Herodes will euer Kind umbringen lassen!"

Josef stand mitten in der Nacht auf, packte seine Habseligkeiten auf einen Esel, nahm Maria und das Kind und floh nach Ägypten.

Als Herodes nach einiger Zeit merkte, dass die Sterndeuter ihn getäuscht hatten und längst auf einem anderen Weg in ihre Heimat zurückgereist waren, wurde er sehr zornig. Er tobte:

„Ich muss dieses Kind finden! So schnell wie möglich. Schließlich bin ich vom römischen Kaiser zum König der Juden bestimmt worden und keiner sonst!"

Und er hatte auch schon genaue Pläne, wie später einmal das Reich zwischen seinen drei Söhnen, Archelaus, Philippus und Herodes Antipas, und seiner Stieftochter Salome aufgeteilt werden sollte.

Herodes rief seine Soldaten, die für ihn schon öfter ähnliche Aufträge erledigt hatten, und sagte: „Geht nach Betlehem und bringt dort alle Jungen um, die jünger als zwei Jahre sind! Sofort!"

Die Soldaten, die genauso grausam waren wie ihr König, folgten diesem schrecklichen Befehl und brachten großes Leid über die Familien in Betlehem.

König Herodes war sicher, dass ihm jetzt keiner mehr die Krone wegnehmen konnte. Aber er wurde krank und starb innerhalb von wenigen Wochen.

Nach dem Tod des Herodes kam ein Engel zu Maria und Josef nach Ägypten und sagte: „Ihr könnt wieder zurück nach Israel, denn Herodes ist tot!"

Da machten sich die beiden mit dem Kind wieder auf die lange Reise. Unterwegs erfuhr Josef, dass jetzt in Judäa Archelaus regierte, der genauso grausam war wie sein Vater. Deshalb kehrten sie nicht nach Betlehem zurück, sondern gingen weiter nach Nazaret in Galiläa, wo Maria und Josef früher gewohnt hatten. Dort herrschte Herodes Antipas, von dem man sagte, dass er nicht so unerbittlich sei wie sein Bruder und sein Vater.

Der zwölfjährige Jesus im Tempel

Jesus wuchs im Haus seines Vaters Josef auf, der sich als Zimmermann seinen Lebensunterhalt verdiente. Er half in der Werkstatt und spielte mit den Nachbarkindern. Die wussten nicht, dass Jesus der Sohn Gottes war.

Aber dann kam der zwölfte Geburtstag. Das ist ein besonderer Tag für einen jüdischen Jungen. Er feiert Bar Mizwa. Denn vom 13. Lebensjahr an ist er kein kleines Kind mehr. Er wird in die Gemeinde der erwachsenen Juden aufgenommen. Er darf den Tempel besuchen und aus der Tora Bibeltexte vorlesen. Er muss von da an die religiösen Gebote und Vorschriften beachten. Dazu gehört auch, dass man am Paschafest den Tempel besucht. Bei diesem Fest erinnern sich alle Juden daran, wie Gott ihr Volk vor langer Zeit aus Ägypten gerettet hat. Pascha bedeutet „Verschonung". Gott hatte damals die erstgeborenen Söhne der Ägypter sterben lassen und die Kinder der Juden verschont.

Um dieses Paschafest zum ersten Mal mit Jesus gemeinsam zu feiern, machten sich Maria und Josef auf den weiten Weg zum großen Tempel in Jerusalem. Zusammen mit anderen Pilgern wanderten sie einige Tage lang nach Süden. Immer mehr Menschen schlossen sich dem Pilgerzug an.

Jesus wurde immer aufgeregter, je näher sie Jerusalem kamen. Und dann sah er die Stadt mit den Häusern aus weißem Kalkstein am Berg liegen. Das schönste aller Häuser war der neue Tempel, der weithin leuchtete. Das war das Haus Gottes, seines Vaters! Kein Wunder, dass Jesus Herzklopfen hatte, als er das erste Mal den Tempelvorhof betreten durfte, der für alle Ungläubigen und auch für Frauen und Kinder verboten war. Dann wurde das Paschafest gefeiert. Es wurde gebetet und gesungen. Die Pilger kauften Lämmer und gaben sie den Priestern als Opfergabe. Und Jesus hatte Fragen, so viele Fragen, dass Maria und Josef sie gar nicht alle beantworten konnten.

Als das Fest vorbei war, machten sich die Pilger wieder auf den Heimweg und strömten in alle Himmelsrichtungen davon.

Man traf Bekannte, ging den Weg ein Stück gemeinsam und unterhielt sich. Erwachsene und junge Leute blieben für lange Strecken in Gruppen unter sich. Daher fiel es Maria und Josef zunächst gar nicht auf, dass Jesus nicht mehr bei ihnen war. Schließlich war er ja schon zwölf Jahre alt.

„Er wird Freunde getroffen haben", sagte Josef, als sich Maria Sorgen machte. Als es Abend wurde und die Pilger Rast machten, fragten sie überall herum. Aber niemand hatte Jesus gesehen.

Auch nachts kam Jesus nicht. Da kehrten Maria und Josef im Morgengrauen nach Jerusalem zurück. Drei Tage liefen sie durch die Straßen und suchten voller Sorge überall. Aber sie fanden Jesus nirgendwo. Schließlich gingen sie zum Tempel hinauf, um zu beten. Und dort entdeckten sie ihren Sohn! Er saß mitten unter den Lehrern und Priestern, hörte ihnen zu und stellte Fragen. Alle waren erstaunt darüber, wie klug und verständnisvoll er redete und wie viel er wusste.

Aber seine Eltern waren ziemlich ärgerlich, und seine Mutter sagte:

„Wie konntest du uns das antun? Wir haben uns solche Sorgen um dich gemacht!"

„Warum habt ihr mich überall gesucht? Wisst ihr nicht, dass ich im Haus meines Vaters sein muss?", antwortete Jesus.

Da erinnerte sich Maria an die Prophezeiung des Engels vor seiner Geburt. Sie spürte, dass Jesus sie mit seinem Verhalten nicht verärgern wollte, sondern seiner inneren Stimme gefolgt war.

Johannes tauft Jesus

Johannes, der Sohn des Priesters Zacharias und der Elisabet, war inzwischen zu
einem ernsten jungen Mann herangewachsen, der viel über Gott und die
Menschen nachdachte. Er ging fort von seinen Eltern und verbrachte einige Zeit in
der Wüste. Dort gab es nur Sand und Steine. Aber der Himmel über ihm war
riesengroß und er fühlte sich Gott ganz nahe. Er lebte wie ein Einsiedler in einer
Höhle und ernährte sich von Heuschrecken und wildem Honig. Er trug ein Gewand
aus Kamelhaaren, das er mit einem ledernen Gürtel zusammenhielt.
Gott redete mit ihm über die Dinge, die wichtiger waren als Essen, Trinken und
Kleidung. Und über Jesus, seinen Sohn, für den Johannes den Weg bereiten sollte.
Er sandte Johannes zum Jordan. Da gab es eine Furt bei Betanien in der Nähe von
Jericho, die viele Reisende benutzten, wenn sie nach Jerusalem wollten. Dort blieb
Johannes und predigte über Gott, die Sünden der Menschen und das Jüngste Gericht.
Viele Leute blieben stehen und hörten ihm zu.
„Kehrt um! Das Himmelreich ist nahe! Bereut eure Sünden, solange es noch nicht
zu spät ist! Werdet bessere Menschen!" Diejenigen, die ihre Sünden bereuten,
tauchte er ins Jordanwasser und taufte sie. „So wie das Wasser den Körper reinigt,
soll die Reue die Seele reinigen und alle Sünden wegwaschen. Dann wird Gott
euch verzeihen", sagte Johannes.
„Was sollen wir denn in Zukunft tun, um gute Menschen zu sein?", fragte einer.
„Wer zwei Gewänder hat, der gebe eines dem, der keins hat, und wer zu essen hat,
der handle ebenso", sagte Johannes. Den Zöllnern riet er, den Reisenden nicht
mehr Zoll abzuknöpfen, als erlaubt war, und die Soldaten ermahnte er, niemanden
zu misshandeln oder zu erpressen. Er kritisierte auch Herodes Antipas, den Sohn
des Herodes, der mit Herodias, der Frau seines Bruders, zusammenlebte und auch
sonst allerhand Schandtaten verübt hatte. Das war sehr gefährlich.

Denn es waren auch Spione unter den Zuhörern, die das dem Herodes sofort berichteten. Die Juden aus Jerusalem schickten Priester und Leviten, die Johannes fragten, ob er der Prophet oder der Messias sei.

„Ich bin der Rufer in der Wüste, der den Weg für den Herrn ebnet. Bald kommt einer, der stärker ist als ich, und ich bin nicht wert, ihm die Schuhe aufzuschnüren.
Ich taufe euch mit Wasser, er wird euch mit dem Heiligen Geist taufen!", sagte Johannes.
In dieser Zeit kam auch Jesus an den Jordan, um Johannes zuzuhören. Er wollte sich auch von ihm taufen lassen. Aber Johannes zögerte und sagte: „Ich müsste von dir getauft werden. Und du kommst zu mir?"
„Lass uns Gottes Willen tun", antwortete Jesus. Er ging zum Fluss hinunter und stieg ins Wasser. Kaum war Jesus getauft, öffnete sich der Himmel. Der Heilige Geist schwebte wie eine Taube über ihm und Gottes Stimme sprach:
„Das ist mein geliebter Sohn..."

143

Die Versuchung

Nach seiner Taufe ging Jesus in die Wüste, um in der Einsamkeit über sich und sein Leben nachzudenken. Er fastete vierzig Tage und vierzig Nächte. Da kam der Teufel zu ihm und versuchte ihn. Er sprach: „Wenn du Gottes Sohn bist, dann verwandle diese Steine in Brot!"

Jesus antwortete: „Der Mensch lebt nicht nur vom Brot, sondern von jedem Wort, das aus dem Mund Gottes kommt."

Danach führte ihn der Teufel nach Jerusalem, stellte ihn auf das Dach des Tempels und sagte: „Wenn du Gottes Sohn bist, dann stürze dich hinab, denn es heißt in der Schrift: *Gottes Sohn wird von Engeln getragen, damit sich sein Fuß nicht an den Steinen stößt.*"

„Es steht auch in der Schrift, dass du Gott, deinen Herrn, nicht auf die Probe stellen sollst!", antwortete Jesus.

Doch der Teufel stellte ihn ein drittes Mal auf die Probe. Er nahm ihn mit auf einen hohen Berg und zeigte ihm alle Länder ringsherum.

„Das alles will ich dir geben, wenn du niederkniest und mich anbetest!"

Da rief Jesus: „Fort mit dir, Satan! In der Schrift steht: *Vor dem Herrn, deinem Gott, sollst du dich niederwerfen und ihm allein dienen.*"

Da ließ der Teufel ihn endlich in Ruhe.

Jesus und seine ersten Jünger

Als junger Mann ging Jesus weg von Nazaret, wo seine Eltern wohnten, und zog nach Kapernaum am See Genezaret.

Von dort aus reiste er im Land umher. Er lehrte in den Synagogen und verkündete überall, wohin er kam, das Wort Gottes. Oft kritisierte er Menschen, die Schlechtes taten. Auch den König. Das war nicht ungefährlich, denn Johannes hatte man deswegen bereits ins Gefängnis geworfen!

Einmal, als Jesus am See entlangwanderte, drängten sich die Leute um ihn und wollten ihn predigen hören. Da stieg Jesus in eines der Fischerboote und predigte vom Wasser aus, damit ihn alle hören und sehen konnten.

Als er zu Ende gesprochen hatte, sagte er zu den Fischern Simon und Andreas, denen das Boot gehörte: „Fahrt jetzt ein Stück auf den See hinaus und werft die Netze zum Fang aus."

Simon antwortete: „Meister, wir haben die ganze Nacht gearbeitet und nichts gefangen. Doch wenn du es sagst..."

Dann warfen sie die Netze ins Wasser und fingen so viele Fische, dass die Netze rissen. Aufgeregt winkten Simon und Andreas ihre Kollegen Jakobus und Johannes herbei, die mit ihrem Vater Zebedäus am Strand waren und die Netze säuberten. Deren Boot wurde auch noch voll von dem Fang. Alle waren erstaunt und erschrocken, denn noch nie in ihrem Leben hatten sie so viele Fische auf einmal gefangen!

„Fürchtet euch nicht und folgt mir nach!", sagte Jesus. „Ihr werdet keine Fische mehr fangen, sondern ihr werdet Menschen zu mir bringen, damit sie Gottes Wort hören!"

Die vier Fischer zogen ihre Boote an Land, ließen alles zurück und folgten ihm. So wurden Simon, Andreas, Jakobus und Johannes die ersten Jünger Jesu.

Ein andermal sah Jesus einen Mann namens Matthäus an der Zollstelle sitzen.
Die Zöllner waren nicht sehr beliebt beim Volk, denn sie kassierten die Steuern
für die Römer ein und wirtschafteten dabei meist in die eigene Tasche.
Ausgerechnet auf diesen Matthäus ging Jesus zu und sagte: „Willst du mein
Jünger sein? Dann folge mir nach."
Ohne Zögern stand Matthäus auf und ging mit Jesus.
Als die Pharisäer sahen, dass Jesus auch Leute unter seinen Jüngern und
Begleitern hatte, die sie selbst für große Sünder hielten, sagten sie:
„Wie kann ein Jude das tun? Mit solchen Leuten redet man nicht. Sollte er nicht
ein gutes Vorbild sein?"
Da sagte Jesus: „Nicht die Gesunden brauchen den Arzt, sondern die Kranken.
Und ich bin zu den Sündern gekommen, um ihnen den rechten Weg zu zeigen,
und nicht zu den Gerechten."

Die Hochzeit in Kana

Maria war zu einer Hochzeit in der Nachbarschaft eingeladen worden. Sie freute sich, dass ihr Sohn Jesus mit einigen seiner Freunde ebenfalls zum Fest kommen wollte. Es wurde in Kana gefeiert, einem kleinen Ort in der Nähe von Nazaret. Eine Hochzeit ist in Galiläa immer ein besonders großes und fröhliches Ereignis. Diesmal kamen mehr Gäste als erwartet und sie waren durstiger als gedacht. Plötzlich war der Weinvorrat zu Ende! Das war sehr peinlich für die Gastgeber, die Maria gut kannte. Sie ging zu Jesus und bat:

„Sie haben keinen Wein mehr. Kannst du nicht helfen?"

„Meine Stunde ist noch nicht gekommen", sagte Jesus.

Maria ging zu den Dienern und sagte, dass sie alles tun sollten, was Jesus zu ihnen sagen würde.

Nach einer Weile stand Jesus auf und sah auf die sechs Wasserkrüge, die am Eingang für die rituellen Waschungen bereitstanden. Es waren riesige Tonkrüge, von denen jeder ungefähr hundert Liter fasste.

Jesus winkte die Diener herbei und sagte:

„Füllt die Krüge mit frischem Wasser!"

Als die Diener zurückkamen, sagte Jesus: „Und jetzt schenkt dem Ehrengast ein, der neben dem Bräutigam sitzt."

Die Diener füllten dem Mann den Becher. Der trank daraus. Dann sagte er verwundert zum Bräutigam: „Das verstehe ich nicht. Jeder lässt zuerst den guten Wein einschenken und dann, wenn die Gäste betrunken sind, den schlechteren. Du aber machst es umgekehrt. Ich habe noch nie besseren Wein getrunken!"

Der Bräutigam konnte sich das Ganze zunächst nicht erklären. Wie konnte aus dem Wasser in den Tonkrügen Wein werden? Aber dann erzählten ihm die Diener, wie alles gewesen war.

Ein Wunder war geschehen!

Jesus heilt einen Gelähmten

Jesus reiste mit seinen Jüngern durchs Land, predigte und heilte Kranke, sogar Aussätzige, Geisteskranke, Stumme, Taube und Blinde. Als er wieder einmal nach Kapernaum zurückkam, versammelte sich eine Menschenmenge vor dem Haus, in dem er wohnte. Alle wollten hören, was Jesus zu verkünden hatte. Viele wollten aber auch seinen Rat und seine Hilfe.

Vier Männer brachten einen gelähmten Freund.

„Lasst uns durch!", riefen sie.

„Wir wollen auch zu Jesus und waren zuerst da", sagten die anderen Leute. Es war unmöglich, bis zur Tür vorzudringen.

Aber die vier Freunde gaben nicht auf. Sie hatten eine Idee: Wenn sie nicht durch die Tür kamen, so wollten sie es übers Dach versuchen.

Sie trugen den Gelähmten über die Seitentreppe aufs Dach. Dann hoben sie Schilf und Lehm von den Dachbalken ab und ließen den Gelähmten auf seiner Trage durch die Öffnung hinunter. Jesus war von dem Glauben der Männer und von der Beharrlichkeit, mit der sie ihrem Freund helfen wollten, beeindruckt. Er sah auf den Gelähmten und sagte: „Mein Sohn, deine Sünden sind dir vergeben!"

Betroffen sahen die Freunde vom Dach aus in den Raum zu Jesus hinunter. Sünden vergeben? Heilen sollte er ihren Freund! Einige Schriftgelehrte in der Menge murmelten: „Und überhaupt: Wer kann Sünden vergeben außer Gott? Dieser Mann ist gefährlich. Den muss man im Auge behalten!"

Jesus spürte, was die Leute dachten, und sagte: „Ist es leichter, einem Gelähmten die Sünden zu vergeben oder ihn wieder gehen zu lassen?" Keiner wusste die Antwort.

„Ihr sollt sehen, dass ich die Vollmacht Gottes habe, hier auf Erden beides zu tun!", sagte Jesus. Er legte die Hand auf die Stirn des Gelähmten und sagte: „Nimm dein Bett und geh nach Hause." Da richtete sich der Mann tatsächlich aus eigenen Kräften auf. Er streckte vorsichtig seine Arme und Beine aus.

Oh, er konnte sich wieder bewegen! Er konnte Fuß vor Fuß setzen. Er konnte laufen!

Seine Freunde trauten ihren Augen nicht, als sie wieder vom Dach heruntergestiegen waren: Der ehemals Gelähmte kam mit der Trage unter dem Arm aus der Tür. Respektvoll machte ihm die Menge Platz. Er ging zu seinen Freunden. Sie umarmten ihn und begleiteten ihn nach Hause. Alle staunten: So etwas hatten sie noch nie erlebt!

Die Bergpredigt

Jesus zog weiter in ganz Galiläa umher und sprach zu den Menschen über Gott und wie sie leben sollten, um ihm zu gefallen. Seine Jünger begleiteten ihn meist. Er hatte inzwischen zwölf zu seinen Hauptjüngern erwählt. Später nannte man sie Apostel.

Die vier Fischer aus Kapernaum, Simon Petrus, Andreas, Jakobus und Johannes, waren die Ersten gewesen. Danach kamen noch Matthäus, Philippus, Bartholomäus, Thomas, Jakobus, der Sohn des Alphäus, Simon der Zelot, Judas, der Sohn des Jakobus, und Judas Iskariot dazu.

Jesus predigte in Synagogen, auf Plätzen, am Seeufer oder auf dem freien Feld. Dabei kam es oft zu Meinungsverschiedenheiten mit den Pharisäern und Schriftgelehrten. Diese forderten vor allem, dass jeder die strengen rituellen Vorschriften des Alten Testamentes peinlich genau befolgte. Jesus predigte, dass es wichtiger sei, seinen Nächsten zu lieben, ihm zu helfen und zu dienen, auch wenn es manchmal gegen die Regeln verstieß, wie zum Beispiel die Heilung eines Kranken am Sabbat.

Matthäus berichtet, dass Jesus einmal zu seinen Jüngern sagte:
„Tut und befolgt alles, was die Schriftgelehrten euch sagen, aber richtet euch nicht nach dem, was sie tun; denn sie reden nur, tun selbst aber nicht, was sie sagen."

Wenn Jesus allein sein wollte, dann stieg er oft auf einen der Berge am See, um Gott nah zu sein und zu beten. Als er einmal von einem solchen Ausflug nach Kapernaum zurückkam, hatte sich eine große Menschenmenge am Seeufer versammelt und erwartete ihn.

Die Leute waren aus ganz Judäa gekommen, aus Jerusalem, aus Tyrus, Sidon und anderen Städten und Dörfern.
Jesus wartete, bis sich die Menge vor ihm am Berghang gelagert hatte und ihm gut zuhören konnte. Dann begann er zu predigen.

In dieser berühmten Bergpredigt, von der die Apostel Matthäus und Lukas später berichteten, sprach Jesus darüber, dass es genauso wichtig sei, die Krankheiten der Seele zu heilen wie die des Körpers, wenn man das ewige Leben erlangen will.
Viele, die arm, krank oder traurig waren, schöpften Hoffnung aus seinen Worten:

Selig sind die Armen, denn ihnen gehört das Reich Gottes.

Selig sind die Trauernden, denn sie werden getröstet werden.

Selig sind die, die jetzt hungern, denn sie werden satt werden.

Selig sind die, die um der Gerechtigkeit willen verfolgt werden,
denn sie werden in den Himmel kommen.

Selig sind die, die hungern und dürsten nach der Gerechtigkeit,
denn sie werden satt werden.

Selig sind, die ein reines Herz haben, denn sie werden Gott schauen.

Selig sind, die keine Gewalt anwenden: Hört auf, eure Feinde zu hassen!

Selig sind, die Frieden stiften, denn sie werden Kinder Gottes genannt werden.

Und dann gab Jesus den Zuhörern noch viele Weisungen mit auf den Weg:

Betet für die, die euch misshandeln.

Dem, der dich auf die Wange schlägt,
halte auch die andere hin.

Was ihr von anderen erwartet, das tut auch selbst.

Verurteilt nicht, dann werdet ihr auch nicht
verurteilt werden.

Gebt, dann wird euch gegeben werden.

Ein guter Baum bringt gute Früchte, und
ein guter Mensch bringt Gutes hervor.

Seid barmherzig, wie es auch euer
Vater im Himmel ist.

Ihr seid das Salz der Erde.

Ihr seid das Licht der Welt.

Und wenn ihr betet, macht es nicht wie die Heuchler. Sie stellen sich beim Gebet gern in die Synagogen und an die Straßenecken, damit sie von den Leuten gesehen werden.
Geh in deine Kammer, wenn du betest, schließ die Tür zu und bete zu deinem Vater, der im Verborgenen ist.

Wenn ihr betet, sollt ihr nicht viel plappern wie die Heiden, denn euer Vater weiß, was ihr braucht, noch ehe ihr ihn bittet.

So sollt ihr beten:
Vater unser im Himmel,
geheiligt werde dein Name.
Dein Reich komme.
Dein Wille geschehe,
wie im Himmel so auf der Erden.
Unser tägliches Brot gib uns heute.
Und vergib uns unsere Schuld,
wie auch wir vergeben unsern Schuldigern.
Und führe uns nicht in Versuchung,
sondern erlöse uns von dem Bösen.

Wenn ihr den Menschen ihre Verfehlungen gegen euch vergebt, dann wird euch euer himmlischer Vater auch vergeben.
Als Jesus mit seiner Predigt geendet hatte, waren alle sehr bewegt, denn sie spürten, dass Gott durch ihn gesprochen hatte.

Die Tochter des Jaïrus

Als Jesus wieder einmal nach Kapernaum am See Genezaret kam, empfingen ihn die Leute aufgeregt: Die zwölfjährige Tochter des Synagogenvorstehers Jaïrus lag im Sterben. Da kam auch schon Jaïrus angelaufen und flehte:
„Bitte, Jesus, hilf mir! Sie ist mein einziges Kind."
Er führte Jesus zu seinem Haus. Da kam ihnen ein Diener entgegen und rief Jaïrus zu: „Zu spät, Herr! Bemühe den Meister nicht mehr. Deine Tochter ist eben gestorben!"
Jesus sagte zu Jaïrus: „Glaube und sei ohne Furcht!" Dann ging er mit ihm ins Haus. Nur Petrus, Johannes, Jakobus und die Eltern des Mädchens durften mit hinein. Freunde, Verwandte und Nachbarn blieben draußen und weinten und klagten.
„Weint nicht", sagte Jesus. „Sie ist nicht gestorben. Sie schläft nur!"
Die Mutter konnte nicht aufhören zu weinen. Sie wusste es besser:
Ihre Tochter war tot!
Jesus ging zu dem Mädchen hin, fasste es an der Hand und sagte:
„Steh auf!"
Da kehrte allmählich Leben in sie zurück. Sie schlug ihre Augen auf, die bleichen Wangen bekamen wieder Farbe, und sie bewegte ihre Lippen. Was sie sagte, das war unglaublich: Sie wollte etwas zu essen haben, denn sie war sehr hungrig!
Und dann stand sie auf und lief zu ihrer Mutter. Die weinte schon wieder.
Diesmal waren es Freudentränen. Jetzt waren alle froh und glücklich.

157

Jesus heilt am Sabbat

Als Jesus wieder einmal in der Synagoge von Kapernaum Gottes Wort lehrte, da kamen die Menschen von überallher, um ihm zuzuhören. Unter ihnen waren einige, die sich wieder ein Wunder erhofften, und einige, die kamen, weil sie die hoffnungsvolle Botschaft hören wollten, die Jesus verkündete.

Diesmal erschien auch ein Mann mit einer gelähmten Hand, der Jesus anflehte, ihm zu helfen, weil er seinen Beruf nicht mehr ausüben konnte. Jesus sah zu den Pharisäern hin, die ihn genau beobachteten, und sagte:

„Soll man am Sabbat Gutes oder Böses tun? Soll man Menschen gesund machen oder leiden lassen?"

Jesus wusste genau, was die Pharisäer dachten. Aber sie sagten kein Wort. Für alle anderen Menschen, die herumstanden, war die Antwort klar: Man soll Gutes tun: Jesus, hilf dem Mann!

Jesus sah den Gelähmten an und sagte: „Strecke deine Hand aus!"

Da streckte der Mann seine Hand aus und war wieder gesund. Alle freuten sich mit dem Mann und seinen Angehörigen. Bis auf die Pharisäer. Die gingen mit finsterer Miene hinaus. Dieser Jesus war ein Risiko für alle im Staat. Er hielt sich nicht an die religiösen Vorschriften. Außerdem hatte er zu viel Einfluss auf das Volk. Gegen den musste man etwas unternehmen!

Ein anderes Mal kam eine Frau zu Jesus in die Synagoge, die seit achtzehn Jahren krank war und vor Schmerzen nicht mehr aufrecht gehen konnte.

Jesus legte die Hand auf sie und erlöste sie von ihren Schmerzen. Der Synagogenvorsteher war empört darüber, dass Jesus am Sabbat heilte. Er wollte die Leute wegschicken und sagte:

„Sechs Tage sind zum Arbeiten da. Kommt an diesen Tagen und nicht am Sabbat!"

Jesus sagte: „Ihr Heuchler. Führt ihr nicht auch am Sabbat eure Ochsen und Esel an die Tränke? Und wenn euer Schaf in die Grube fällt, holt ihr es nicht heraus?"

159

Der Pharisäer und der Zöllner

Jesus wusste ganz genau, dass ihm die Pharisäer nicht wohlgesonnen waren und ihm überall nachspionierten. Trotzdem erzählte er das folgende Gleichnis, um mit dieser einfachen Geschichte zu erklären, dass es Gott nicht so sehr auf Äußerlichkeiten und das peinlich genaue Einhalten von Vorschriften ankommt, sondern darauf, wie es im Herzen der Menschen aussieht:

Zwei Männer gingen zum Tempel hinauf, um zu beten. Der eine war Zollbeamter und der andere Pharisäer. Der Pharisäer stellte sich selbstbewusst vorne hin und betete: „Gott, ich danke dir, dass ich nicht wie die anderen Menschen bin. Wie die Räuber und Ehebrecher. Oder wie dieser Zöllner dort. Ich faste zweimal in der Woche, gebe dem Tempel den zehnten Teil meines Einkommens und halte mich an alle Vorschriften."

Der Zöllner blieb ganz hinten stehen und betete: „Gott sei mir Sünder gnädig."
Nachdem Jesus diese Geschichte erzählt hatte, sahen ihn alle, die zuhörten, gespannt an. Sie ahnten natürlich, was Jesus mit diesem Gleichnis sagen wollte. Es ging gegen die Menschen, die eingebildet und selbstgerecht waren. Und die gab es nicht nur unter den Pharisäern. Jesus sah eine Weile nachdenklich in die Runde und sagte dann:

„Der Zöllner kehrt als Gerechter nach Hause. Der Pharisäer nicht. Denn wer sich selbst erhöht, wird erniedrigt, wer sich aber selbst erniedrigt, wird erhöht werden."

161

Die Arbeiter im Weinberg

Ein anderes Mal erzählte Jesus seinen Freunden folgende Geschichte: Als die Erntezeit gekommen war, ging ein Winzer auf den Markt im nächsten Ort, um nach Arbeitern für die Weinlese Ausschau zu halten.

Es waren genug Leute da, die Arbeit suchten, und er einigte sich mit einigen von ihnen so, dass sie für einen Denar am Tag in seinem Weinberg arbeiteten. Gegen Mittag und am Nachmittag ging er wieder auf den Marktplatz und heuerte weitere Leute an.

Als es Abend wurde, ging er wieder zum Markt. Da standen immer noch Leute herum. „Warum arbeitet ihr nicht?", fragte sie der Winzer.

„Weil uns keiner angeheuert hat", antworteten die Leute.

Da schickte er sie auch in seinen Weinberg, und sie arbeiteten dort bei der Weinlese mit den anderen, die schon früher gekommen waren.

Als es dunkel wurde, sagte der Winzer zu seinem Verwalter:

„Rufe die Arbeiter und zahle ihnen ihren Lohn aus!"

Als Erstes kamen die Männer, die zuletzt gekommen waren. Jeder erhielt einen Denar. Als dann die an der Reihe waren, die früher gekommen waren, dachten sie, dass sie mehr bekommen würden.

Aber sie erhielten auch nur einen Denar. Das fanden sie ungerecht. Sie beklagten sich beim Winzer:

„Die Leute, die zuletzt gekommen sind, haben nur eine Stunde gearbeitet. Wir haben den ganzen Tag über in der Hitze geschuftet und haben den gleichen Lohn bekommen wie sie! Wir sind benachteiligt. Das ist nicht recht!"

„Was soll da nicht recht sein? Habt ihr nicht auf dem Markt mit mir diesen Lohn vereinbart? Also nehmt euer Geld und geht", sagte der Weinbergbesitzer. „Ich kann mit dem, was mir gehört, schließlich machen, was ich will. Oder seid ihr neidisch, weil ich zu den anderen großzügig gewesen bin?"
„So ist es auch mit dem Himmelreich", schloss Jesus sein Gleichnis. „Diejenigen, die spät kommen, liebt Gott genauso wie die, die immer bei ihm gewesen sind."

Salome und der Tod des Johannes

Etwas Schlimmes war passiert: Johannes der Täufer lag schon seit einiger Zeit in Ketten im Gefängnis. Und es bestand kaum Hoffnung, dass er bald wieder herauskommen würde. Schuld daran war Herodias, die Frau des Philippus, die jetzt mit dessen Bruder Herodes Antipas zusammenlebte. Sie nahm es Johannes sehr übel, dass er sie immer wieder als Ehebrecherin bezeichnet hatte.

Als am Geburtstag des Herodes Antipas ein großes Fest gefeiert wurde, tanzte Salome, die hübsche Tochter der Herodias, vor den Gästen. Unter ihnen waren Hofbeamte, Offiziere und die vornehmsten Bürger Galiläas. Sie waren vom Tanz der Salome begeistert. Das schmeichelte Herodes! Auch ihm hatte der Tanz seiner Stieftochter ausnehmend gut gefallen.

„Wünsch dir was!", sagte er zu Salome. „Wenn es nicht mehr kostet als ein halbes Königreich, sollst du es haben!"

Salome beriet sich mit ihrer Mutter. Was sollte sie sich wünschen? Sie hatte doch schon alles.

„Mal sehen, ob er dir wirklich jeden Wunsch erfüllt", sagte Herodias so laut, dass es alle hören konnten. „Mal sehen, was ein Königswort gilt! Wünsch dir den Kopf Johannes des Täufers auf einer silbernen Schale!"

Herodes erschrak, aber da er es vor der ganzen Festgesellschaft versprochen hatte, schickte er den Scharfrichter ins Gefängnis und befahl ihm, den Kopf des Johannes zu bringen. Der Scharfrichter enthauptete Johannes und brachte danach den Kopf auf einer silbernen Schale zu Salome. Die gab ihn ihrer Mutter. Die Jünger des Johannes waren entsetzt und weinten. Sie holten seinen Leichnam und beerdigten ihn. Dann gingen sie zu Jesus und erzählten ihm alles.

Die Speisung der Fünftausend

Als Jesus die schreckliche Nachricht vom Tod des Johannes erfuhr, wollte er allein sein und beten. Er fuhr mit seinen Jüngern über den See Genezaret zu einem einsamen Uferstück. Aber die Menschen rannten am Ufer entlang, um ihm zu folgen. Als er ankam, waren sie schon da!

Jesus brachte es nicht übers Herz, sie wegzuschicken, und redete zu ihnen, bis es Abend wurde.

„Schick die Leute jetzt fort", baten die Jünger. „Sie sollen in die umliegenden Dörfer und Bauernhöfe gehen und sich etwas zu essen und zu trinken besorgen. Der Ort ist zu abgelegen. Hier gibt es nichts."

„Dann gebt ihr ihnen etwas", sagte Jesus.

„Wie sollen wir fünftausend Leute verpflegen?", fragte Philippus.

„Selbst wenn wir für 200 Silberstücke Brot kaufen, reicht es nicht."

Jesus sah sie an und sagte: „Seht nach, wie viel Brot es gibt!"

Andreas kam zurück und rief:

„Da ist ein kleiner
Junge, der hat
fünf Brote und zwei Fische."

„Sagt den Leuten, sie sollen sich in kleinen Gruppen ins Gras setzen und alles teilen, was sie haben!", befahl Jesus.

Die Leute setzten sich in Gruppen zu hundert und zu fünfzig.

Jesus nahm die fünf Brote und die beiden Fische, blickte zum Himmel und betete. Dann brach er das Brot in kleine Stücke und sagte: „Verteilt alles unter die Leute. Auch die Fische!"

Die Jünger taten, was er gesagt hatte, und alle wurden satt.

Als sie nach dem Essen die Reste einsammelten, wurden zwölf Körbe voll.

Sturm auf dem See

Nach der Speisung der Fünftausend fuhren die Jünger allein mit dem Boot nach Kapernaum zurück. Jesus blieb noch, bis die Menschenmenge wieder nach Hause gegangen war. Er wollte nach dem anstrengenden Tag eine Weile allein sein und beten. Die Jünger kamen mit dem Boot auf dem See nur langsam voran, denn sie mussten gegen den Wind kreuzen.

Plötzlich zogen dunkle Wolken auf. Ein Sturm brach los. Sie ruderten aus Leibeskräften. Aber der Wind wurde immer heftiger. Das Boot war nicht mehr zu steuern und drohte jeden Augenblick zu kentern. Die Jünger hatten Angst um ihr Leben und beteten, dass Gott sie retten möge. Plötzlich sahen sie eine helle Gestalt, die über dem Wasser auf sie zukam. Sie dachten, es sei ein Gespenst und schrien vor Angst.

„Fürchtet euch nicht! Ich bin es!", sagte Jesus.

„Wenn du Jesus bist, dann befiehl, dass ich auf dem Wasser zu dir komme", rief Petrus in den Sturm. „Komm zu mir", sagte Jesus. Petrus stieg aus dem Boot und ging über das Wasser auf Jesus zu. Als er aber die hohen Wellen sah, die plötzlich auf ihn zukamen, verließ ihn der Mut. Er begann unterzugehen und schrie voller Angst: „Herr, rette mich!" Da streckte Jesus die Hand aus und sagte: „Du Kleingläubiger, warum hast du gezweifelt?" Dann nahm er Petrus an der Hand und lief mit ihm über das Wasser zum Boot. Kaum waren sie an Bord, beruhigten sich Wind und Wellen. Den Jüngern im Boot steckte noch der Schreck in den Gliedern, sie fielen vor Jesus nieder und riefen: „Wahrhaftig, du bist Gottes Sohn!"

169

Der barmherzige Samariter

Einmal kam ein Schriftgelehrter zu Jesus. Er kannte die Heiligen Schriften genau. Aber er wollte Jesus auf die Probe stellen und fragte: „Meister, was muss ich tun, um das ewige Leben zu bekommen?"

„Was hast du darüber gelesen?", fragte ihn Jesus.

„Du sollst Gott, deinen Herrn, von ganzem Herzen lieben und deinen Nächsten wie dich selbst", antwortete der Mann.

„Das ist richtig", sagte Jesus. „Wenn du Gott und deinen Nächsten liebst wie dich selbst, dann bekommst du sicher das ewige Leben."

„Aber es gibt so viele Menschen. Die kann ich doch nicht alle gern haben. Woher weiß ich denn, wer mein Nächster ist?", fragte der Mann weiter.

Da erzählte ihm Jesus die Geschichte vom barmherzigen Samariter:

Ein Mann ging den Weg von Jerusalem nach Jericho. Du weißt, dass die Straße durch die Gebirgswüste führt und dass man sie nicht ohne Grund die Räuberstraße nennt. Auch dieser Mann wurde auf halber Strecke überfallen und ausgeplündert. Die Räuber liefen weg und ließen ihn halb tot liegen.

Zufällig kam ein frommer Priester aus Jerusalem den Weg herab. Er sah den Mann liegen und lief rasch weiter, weil er selbst Angst vor den Räubern hatte.

Als Nächstes kam ein Levit, ein Tempeldiener, des Weges. Er sah auf den blutüberströmten Mann und rannte ebenfalls davon, aus Angst, ihm könnte das Gleiche passieren.

Wenig später kam ein Mann aus Samaria. Ihr wisst, dass viele Juden die Samariter verachten. Als der den Mann am Boden liegen sah, hielt er an und kümmerte sich um den Verletzten. Er versorgte seine Wunden, hob ihn auf sein Reittier und brachte ihn zur nächsten Karawanserei.

Am nächsten Morgen gab er dem Wirt zwei Silberstücke und bat ihn, den Verwundeten zu pflegen, bis er zurückkäme.

Nachdem Jesus diese Geschichte erzählt hatte, wandte er sich wieder an den Schriftgelehrten und fragte:

„Welcher von den dreien war jetzt der Nächste des Verwundeten?"

„Derjenige, der ihm geholfen hat", sagte der Mann nachdenklich.

„Dann mache es genau wie er", sagte Jesus. „So wirst du das ewige Leben bekommen."

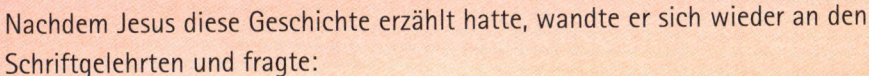

Maria, Marta und Lazarus

Jesus kam mit seinen Jüngern in einen kleinen Ort namens Betanien in der Nähe von Jerusalem. Dort lebten die Geschwister Marta, Maria und Lazarus, mit denen er befreundet war.

Als Marta Jesus sah, lud sie ihn und seine Jünger zu sich ins Haus ein.

Während sie das Essen zubereitete, kam ihre Schwester Maria dazu.

Sie freute sich, dass Jesus gekommen war, setzte sich zu seinen Füßen und hörte ihm zu. „Du kannst doch nicht einfach nur herumsitzen, während ich arbeite", sagte Marta ein wenig ärgerlich zu ihrer Schwester. „Ich möchte Jesus zuhören", sagte Maria.

„Herr, sag ihr, dass sie mir helfen soll!", forderte Marta Jesus auf.

Jesus sagte: „Marta, du machst dir viel Mühe mit der Hausarbeit. Aber Maria hat das Wichtigere gewählt. Das sollten wir ihr nicht nehmen. Komm doch und setze dich zu uns."

Einige Zeit später wurde Lazarus, der Bruder von Maria und Marta, schwer krank. „Wenn nur Jesus hier wäre!", sagte Maria zu Marta. „Der könnte ihm bestimmt helfen!" Die beiden Schwestern schickten einen Boten zu Jesus.

Als Jesus endlich kam, war Lazarus gestorben. Maria und Marta hatten ihn schon einbalsamiert, in Leinentücher gewickelt und ins Grab gelegt. Nachbarn und Freunde waren gekommen, um die Schwestern zu trösten. Als Marta hörte, dass Jesus kam, lief sie ihm entgegen. „Er ist tot! Lazarus ist tot!", schluchzte sie.

„Lazarus wird auferstehen", sagte Jesus. „Ja, ich weiß. Am Jüngsten Tage", sagte Marta traurig. Jesus sagte: „Ich bin die Auferstehung und das Leben. Wer an mich glaubt, der wird leben, auch wenn er stirbt. Und jeder, der lebt und an mich glaubt, wird auf ewig nicht sterben. Glaubst du das?"

„Herr, ich glaube, dass du der Messias bist, der Sohn Gottes, der in die Welt gekommen ist", sagte Marta.

Jesus ließ sich das Grab zeigen. Marta holte Maria, und als sie zum Grab kamen, weinte Jesus.

Einige der Juden, die mit Marta und Maria gekommen waren, sagten: „Da, seht, wie lieb er Lazarus hatte. Aber warum hat er ihm nicht geholfen? Er kann Lahme und Blinde heilen. Bestimmt hätte er auch Lazarus gesund machen können."

Das Grab war mit einem Rollstein verschlossen.

„Nehmt den Stein weg", sagte Jesus. Und während ein paar Männer den schweren Stein wegrollten, betete Jesus zu Gott. Dann rief er in die Grabhöhle hinein.

„Lazarus, komm heraus!"

Ganz still war es. Aber auf einmal hörte man Geräusche im Grab. Und dann kam eine in Leichentücher und Binden gewickelte Gestalt heraus.

„Lazarus! Es ist Lazarus! Er lebt!", riefen Maria und Marta abwechselnd.

Sie konnten es nicht fassen. Vier Tage war Lazarus tot gewesen und jetzt war er wieder lebendig. Jesus, der Sohn Gottes, hatte ihn aufgeweckt.

„Löst ihm die Binden", sagte Jesus. Das taten Maria und Marta und dann umarmten sie ihren Bruder. Als die Hohenpriester und Pharisäer von diesem Wunder erfuhren, beriefen sie eine Versammlung des Hohen Rates ein.

„Dieser Jesus lässt Zeichen und Wunder geschehen, die unglaublich sind. Jetzt weckt er sogar Tote auf. Wenn wir ihn so weitermachen lassen, werden alle an ihn glauben. Dann werden die Römer kommen und uns die heiligen Stätten wegnehmen."

Das wollten sie nicht zulassen. Von diesem Tag an waren sie fest entschlossen, Jesus zu töten.

Jesus und die Kinder

Einmal kamen die Jünger zu Jesus nach Kapernaum. Sie hatten ganz rote Köpfe vom Diskutieren, als sie das Haus betraten.

„Worüber habt ihr unterwegs gesprochen?", erkundigte sich Jesus. „Ihr seid ja immer noch ganz erhitzt."

Sie rückten zunächst nicht so recht mit der Sprache heraus. Dann gestanden sie, dass sie darüber gesprochen hatten, wer von ihnen der Größte und Wichtigste sei. Jesus lächelte. Er ging vor die Tür und winkte ein Kind herbei. Mit dem setzte er sich in ihre Mitte, nahm es auf den Schoß und sagte:

„Wer so klein ist wie dieses Kind, der ist im Himmelreich der Größte! Denn wer unter euch am wenigsten gilt, der ist groß. Und wer ein solches Kind um meinetwillen aufnimmt, der nimmt mich auf. Das sage ich euch: Wenn ihr nicht umkehrt und wie die Kinder werdet, könnt ihr nicht ins Himmelreich kommen!"

Es hatte sich herumgesprochen, dass Jesus die Kinder lieb hatte.

So kamen immer wieder Väter und Mütter mit ihren Kindern herbei, damit Jesus sie segnete.

Eines Tages wurde das Gequengel und Geschrei der Kinder den Jüngern zu viel. Sie drängten die Leute energisch zurück und riefen: „Gebt Ruhe, der Meister muss sich auch mal ausruhen."

Da sagte Jesus: „Lasst die Kinder zu mir kommen! Hindert sie nicht daran, denn Menschen wie ihnen gehört das Reich Gottes. Wer das Reich Gottes nicht annimmt wie ein Kind, der wird nicht hineinkommen." Dann legte er seine Hand auf die Köpfe der Kinder und segnete sie.

Das Nadelöhr

Eines Tages kam ein Mann zu Jesus, fiel vor ihm auf die Knie und sagte:
„Guter Meister, was muss ich tun, um das ewige Leben zu gewinnen?"
„Warum nennst du mich gut?", sagte Jesus. „Niemand ist wirklich gut außer Gott.
Und was deine Frage betrifft, so kennst du doch die zehn Gebote? Du sollst nicht
töten, du sollst nicht stehlen, du sollst deinen Vater und deine Mutter ehren…"
„Die kenne ich alle und habe sie mein Leben lang gehalten", unterbrach ihn der Mann.
Jesus lächelte und sagte: „Dann fehlt dir nur noch eines: Verkaufe alles, was du
hast, gib dein Geld den Armen und folge mir nach!"
Da sah der Mann zu Boden und ging traurig weg, denn er war sehr reich.

Jesus sah seine Jünger an und sagte: „Es ist sehr schwer für Menschen, die viel
besitzen, in den Himmel zu kommen. Eher geht ein Kamel durch das Nadelöhr, als
dass ein Reicher in das Reich Gottes kommt."

Die Jünger wussten: „Nadelöhr" nannte man eine kleine Pforte in der Stadtmauer
Jerusalems, durch die man nur mit Mühe hindurchschlüpfen konnte. Mit einem
Kamel hindurchzukommen war nahezu unmöglich.

Bartimäus kann wieder sehen

Vor der Stadtmauer von Jericho saß der blinde Bartimäus an der Straße und bettelte.
„Was ist los?", fragte er, als die Menschen plötzlich alle an ihm vorbeirannten,
ohne etwas in seinen Becher zu werfen.
„Jesus von Nazaret geht vorbei!", rief einer.
Da sprang Bartimäus auf und rief laut:
„Jesus, Sohn Davids, hab Erbarmen mit mir!"
Gestützt auf seinen Blindenstock und geleitet durch das Geräusch der Schritte der
anderen humpelte er hinter Jesus her.
Die Leute, die vorn, neben und hinter ihm liefen, wurden ärgerlich und befahlen
ihm, mit seinem Jammern aufzuhören. Aber der Blinde machte sich immer lauter
bemerkbar. Immer wieder rief er: „Jesus, Sohn Davids, hab Erbarmen mit mir!"
Da blieb Jesus stehen und fragte ihn: „Was soll ich für dich tun?"
„Herr, bitte mach, dass ich wieder sehen kann. Ich weiß, du allein kannst es.
Bitte!", flehte Bartimäus.
Da sagte Jesus: „Dein Glaube hat dir geholfen!"
Im gleichen Augenblick konnte Bartimäus wieder sehen. Er lobte Gott, fiel vor
Jesus auf die Knie und folgte ihm nach.

Am Jakobsbrunnen

Jesus verließ Judäa, wo ihm inzwischen die Pharisäer nachstellten, und reiste mit einigen seiner Jünger wieder nach Galiläa. Der Weg führte durch Samaria. Jesus wartete beim Jakobsbrunnen in der Nähe von Sychar auf seine Jünger, die in den nächsten Ort gegangen waren, um etwas zu essen zu besorgen. Er war müde von der Reise. Deshalb setzte er sich neben den Brunnen, um auszuruhen.

Da kam eine samaritische Frau, die einen leeren Wasserkrug auf dem Kopf trug. Den setze sie neben dem Brunnen ab und begann, Wasser zu schöpfen.

„Gibst du mir einen Schluck zu trinken?", bat Jesus.

Die Frau war völlig überrascht, als Jesus sie ansprach. Juden redeten gewöhnlich nicht mit den Samaritern, weil sie diese verachteten. Und schon gar nicht mit einer Frau.

„Wer bist du, dass du mich um Wasser bittest?", fragte die Frau überrascht.

„Wenn du das wüsstest, dann würdest du mich um einen Schluck Wasser bitten, und ich würde dir lebendiges Wasser geben", antwortete Jesus.

Sie sah ihn an, lachte und sagte: „Du hast ja nicht einmal ein Schöpfgefäß und der Brunnen ist tief. Woher willst du denn dein lebendiges Wasser bekommen?"

„Wer vom Wasser in diesem Brunnen trinkt, wird wieder Durst bekommen. Wer aber von dem Wasser trinkt, das ich ihm geben werde, wird nie wieder Durst bekommen. Das Wasser wird in ihm zu einer sprudelnden Quelle werden, deren Wasser ewiges Leben schenkt", sagte Jesus.

Die Frau verstand nur halb, was er meinte, und sagte: „Dann gib mir von diesem Wasser! Denn wenn ich nie mehr durstig werde, dann muss ich nicht jeden Tag den weiten Weg zum Brunnen laufen."

„Warum holst du nicht deinen Mann hierher?", fragte Jesus.

„Weil ich keinen habe", sagte die Frau.

„Ich weiß", sagte Jesus. „Fünf Männer hast du gehabt, und der, den du jetzt hast, ist nicht dein Mann."

„Woher weißt du das? Bist du ein Prophet?", rief die Frau überrascht.
Da kamen seine Jünger zurück. Sie wunderten sich, dass Jesus mit der
Samariterin sprach.
„Er hat alles über mein Leben gewusst, ohne dass ich es ihm gesagt habe!",
berichtete sie aufgeregt. „Er ist ein Prophet!"
„Da hast du recht", sagten die Jünger. „Er ist der Messias."
Da lief die Frau schnell in die Stadt zurück, um allen von Jesus zu erzählen.
Viele Samariter kamen daraufhin zum Jakobsbrunnen hinaus, um Jesus
zuzuhören. Er blieb zwei Tage dort und predigte. Die Samariter
hörten seine Botschaft und glaubten seinen Worten.

Das verlorene Schaf

Die Pharisäer und die meisten Schriftgelehrten waren entsetzt, dass Jesus sich
mit Leuten abgab, die sie selbst verachteten. Mit Samaritern, Zöllnern und
Gesetzesbrechern zum Beispiel, denen ihrer Meinung nach ein anständiger
Mensch besser aus dem Weg ging. Und dieser Jesus ließ sich von ihnen einladen
oder nahm sie sogar mit zu sich nach Hause und aß mit ihnen! Das konnten
sie wirklich nicht gutheißen. Das Maß war voll! Dieser Mann war nicht mehr
tragbar.

Jesus war dagegen der Meinung, dass man sich um Menschen, die den richtigen
Weg im Leben verloren haben, besonders kümmern muss.
Um den gelehrten Männern das zu erklären, erzählte er das Gleichnis vom
verlorenen Schaf:
Wenn einer von euch hundert Schafe hat und eins verliert, geht er dann nicht
in die Steppe zurück, um nach ihm zu suchen? Er klettert über Stock und Stein,
und wenn er es dann endlich gefunden hat, nimmt er es vor Freude auf den Arm.
Zu Hause ruft er Freunde und Nachbarn zusammen und sagt: „Freut euch
mit mir, denn ich habe das Schaf wiedergefunden, das verlorengegangen war!"
Genauso wird sich Gott im Himmel über einen einzigen Sünder freuen, der
umkehrt und auf den richtigen Weg zurückfindet. Mehr noch als über die neun-
undneunzig Gerechten, die es nicht nötig hatten, umzukehren.

Der verlorene Sohn

Um zu erklären, dass Gott die Menschen, die ihm am meisten Sorgen machen, besonders liebt, erzählte Jesus folgendes Gleichnis:

Ein reicher Gutsbesitzer hatte zwei Söhne. Eines Morgens kam der jüngere zu ihm und sagte: „Vater, gib mir schon jetzt meinen Anteil am Erbe. Ich möchte weg von hier und mein eigenes Leben leben."

Nur ungern teilte der Vater das Vermögen und gab dem Sohn sein Erbteil.

Der junge Mann nahm das Geld, zog in die Welt und lebte in Saus und Braus. Als er alles verjubelt hatte, ging es ihm sehr schlecht. Er suchte Arbeit. Das war gar nicht so einfach. Schließlich fand er einen Bauern, der ihn aufs Feld zum Schweinehüten schickte. Das war die größte Erniedrigung, die man sich denken konnte, denn für Juden sind Schweine unreine Tiere, die man nicht essen darf. Jetzt wurde dem jungen Mann sein Elend so recht bewusst, und er dachte: Die ärmsten Knechte meines Vaters haben genug zu essen, und ich muss hier elend sterben!

Heimlich aß er vom Schweinefutter, damit er nicht verhungerte. Sollte er nach Hause gehen und bekennen, dass er alles falsch gemacht hatte? Das war fast so schwer wie Schweinehüten. Was würde sein Vater sagen, wenn er zurückkam? Würde er ihn wieder fortjagen, so heruntergekommen, wie er aussah?

Nach einer schlaflosen Nacht beschloss er, den schweren Schritt zu tun. Er wollte nach Hause zurück, seinen Vater um Verzeihung bitten und zugeben, dass er schwere Fehler gemacht hatte.

Der Vater sah ihn schon von Weitem kommen. Er lief ihm entgegen und nahm ihn in den Arm. So mager, stinkend und schmutzig wie er war.

Da weinte der Sohn und sagte: „Vater, ich habe gesündigt gegen dich und gegen Gott. Ich bin es nicht mehr wert, dein Sohn zu sein. Mach mich zu einem deiner Knechte. Dann geht es mir besser als in der Fremde."

Der Vater zögerte keinen einzigen Augenblick.

„Richtet ein Bad", rief er den Knechten zu. „Bringt die besten Gewänder herbei. Bereitet ein Festessen. Wir wollen feiern und fröhlich sein! Mein Sohn war tot und jetzt lebt er wieder!" Und dann zog er seinen schönsten Ring vom Finger und schenkte ihn seinem Sohn.

Als der ältere Sohn von der Feldarbeit zurückkam, hörte er schon von Weitem laute Musik. Leute tanzten vor dem Haus und es duftete nach herrlichem Braten. Mitten in der Woche! Erstaunt ging er ins Haus.

„Was ist denn hier los?", fragte er einen der Knechte.

„Dein Bruder ist zurückgekommen! Aus Freude darüber richtet dein Vater ein großes Fest aus! Wir haben unser bestes Mastkalb geschlachtet!"

Da wurde der ältere Bruder zornig. Er lief zu seinem Vater und rief:

„Wie kannst du das tun? Ich habe all die Jahre geschuftet und alles getan, was du von mir verlangt hast. Mir hast du nicht einmal einen Ziegenbock geschenkt, damit ich mit meinen Freunden ein Fest feiern konnte! Er hat dein halbes Vermögen verschwendet und sich herumgetrieben. Für ihn schlachtest du unser bestes Kalb?"

Der Vater seufzte und sagte: „Ich weiß, dass das schwer zu verstehen ist. Du bist mein lieber Sohn und warst immer bei mir. Alles, was mir gehört, gehört auch dir. Aber dein Bruder war tot und lebt wieder. Er war verloren und ist wieder zurückgekehrt. Komm, lass uns feiern!"

Der Zöllner Zachäus

Einmal, als Jesus wieder nach Jericho kam, erfuhr das der oberste Zollpächter Zachäus. Er war nicht nur sehr reich, sondern auch sehr neugierig. Diesen Jesus, über den alle redeten, wollte er sich unbedingt persönlich ansehen! Er stellte sich an die Straße zu den anderen Leuten, die auf Jesus warteten. Endlich kam Jesus mit seinen Jüngern. Aber leider war Zachäus sehr klein und konnte nicht über die Köpfe der anderen hinwegsehen. Er lief der Menschenmenge voraus und kletterte auf einen Maulbeerbaum. Jetzt hatte er den besten Ausblick.

Als Jesus herankam und den Mann im Baum sah, lächelte er und sagte: „Zachäus, steig rasch vom Baum herunter, denn ich möchte heute bei dir zu Abend essen!" Die Leute sahen sich verblüfft an. Jesus aß beim Zöllner Zachäus? Ausgerechnet bei dem? Hatte man da noch Worte! Da gab es doch viel würdigere Leute in der Stadt.

„Bei mir?", rief Zachäus überrascht. Denn er wusste wohl, dass die Juden ihn wegen seines Berufes verachteten. Er purzelte fast vom Baum, so freute er sich über die Ehre. Dann lief er schnell nach Hause, um alles für seinen Gast vorzubereiten.

Als Jesus und seine Jünger mit Zachäus zusammensaßen, redeten sie lange miteinander, und nach dem Essen sagte Zachäus ernst: „Ich weiß jetzt, dass ich gesündigt habe. Ich habe viel falsch gemacht. Ich will die Hälfte meines Vermögens den Armen geben, und wenn ich von jemandem zu viel gefordert habe, gebe ich ihm das Vierfache zurück."

Da sagte Jesus: „Heute ist das Heil in dein
Haus gekommen!" Und er segnete Zachäus.

Jesus in Betanien

Sechs Tage vor dem Paschafest besuchte Jesus mit seinen Jüngern Freunde in
Betanien: Maria, Marta und Lazarus, den er von den Toten auferweckt hatte.
Die drei Geschwister freuten sich sehr über den Besuch.
Lazarus setzte sich gleich mit Jesus an den Tisch, um sich mit ihm zu unterhal-
ten. Marta bereitete ein Mahl und Maria holte ein Gefäß mit kostbarem
Nardenöl. Sie salbte Jesus die Füße und trocknete sie mit ihrem Haar. Das ganze
Haus duftete danach.
Judas Iskariot, einer der zwölf Jünger, fand das eine Verschwendung.
„Warum hast du dieses kostbare Öl nicht für dreihundert Denare verkauft und mir
das Geld gegeben – für die Armen?" Das sagte Judas nicht, weil er ein Herz für
die Armen hatte, sondern weil er das Geld liebte.
„Lass sie", sagte Jesus. „Die Armen habt ihr immer bei euch. Aber mich habt ihr
nicht immer bei euch. Sie hat mich für den Tag meines Begräbnisses gesalbt.
Überall auf der Welt, wo dieses Evangelium verkündet werden wird, wird man
sich später an sie erinnern und erzählen, was sie heute getan hat."

Der Einzug in Jerusalem

Jesus und seine Jünger wanderten von Betanien weiter nach Jerusalem. Kurz vor dem Ort Betfage am Ölberg blieb Jesus stehen und sagte zu seinen Begleitern: „Geht hinein ins Dorf und holt den jungen Esel, der dort neben seiner Mutter angebunden ist, damit ich auf ihm in die Stadt reite."

„Das wird man uns nicht erlauben!", befürchteten die Jünger.

„Sagt einfach: Der Herr braucht den Esel für kurze Zeit und lässt ihn bald zurückbringen! Dann werden sie euch in Frieden ziehen lassen."

Genauso geschah es. Als die Jünger mit dem Eselfohlen zurückkamen, legten sie einen Mantel als Sattel auf seinen Rücken und ließen Jesus aufsteigen.

Jesus ritt nicht ohne Grund auf einem Esel, denn wenn ein König nicht auf dem Pferd, sondern auf dem Esel durch das Stadttor reitet, ist das ein Zeichen, dass er in friedlicher Absicht kommt.

So erfüllte sich die Vorhersage der alten Schriften, in denen es heißt:

Siehe, dein König kommt zu dir, friedfertig;

er sitzt auf dem Fohlen einer Eselin.

Vor den Toren von Jerusalem lagerte schon eine große Menschenmenge. Als Jesus den Berg zum Stadttor hinaufritt, machten seine Jünger und Anhänger den Weg für ihn frei. Sie breiteten ihre Umhänge auf der staubigen Straße aus, legten Palmzweige auf seinen Weg und riefen:

Hosianna dem Sohn Davids! Gesegnet sei er!

Er kommt im Namen des Herrn! Hosianna in der Höhe!

Einige aus der Menge riefen verärgert: „Meister, bring deine Jünger zum Schweigen!"

Jesus antwortete: „Wenn sie schweigen, werden die Steine schreien!"

Als Jesus durch das Stadttor einzog und mit seinem Gefolge zum Tempel hinaufging, fragten zwei Fremde, die Jesus nicht kannten: „Wer ist das, dem ihr da so großartig den Weg bereitet?"

Die Jünger antworteten: „Das ist der Prophet Jesus aus Nazaret in Galiläa."

Die Tempelreinigung

Als Jesus zum Tempel kam, erschrak er. Der große Tempelvorplatz sah wie ein wilder Jahrmarkt aus. Überall schwärmten Viehhändler, Geldwechsler, Andenkenhändler und andere Geschäftemacher herum und priesen ihre Waren an. Kisten, Körbe und Unrat lagen überall. Dazwischen gackerten Hühner, blökten Esel oder meckerten Ziegen.

„Wie habt ihr das Haus meines Vaters zugerichtet?", rief Jesus zornig. „Ihr habt aus dem Ort des Gebetes und der Andacht eine Räuberhöhle gemacht!"
Wütend stieß er die Tische der Geldwechsler und Taubenhändler um. Dann nahm er einen Strick und verjagte die Verkäufer von Rindern und Schafen aus dem Tempel. Der Tempel war schließlich weder ein Kuhstall noch eine Markthalle!

Seine Feinde unter den Schriftgelehrten beobachteten alles mit Argwohn. Dieser Jesus meinte wohl, er verstünde von Gott und der Schrift mehr als sie? Am Ende hetzte er noch die Leute gegen sie auf und zettelte einen Aufstand an? Das war das Letzte, was sie wollten. Getrieben von Angst und Neid schmiedeten sie weiter an ihren finsteren Plänen. Inzwischen hatten sie schon Verbündete unter den Vertrauten des Herodes. Und einer unter den Gefolgsleuten dieses unbestechlichen Jesus schien bestechlich zu sein!

Der Plan des Judas

Zwei Tage vor dem Paschafest versammelten sich die Hohepriester und Ältesten des Volkes im Palast des Hohepriesters Kajaphas und berieten, wie sie Jesus endgültig in ihre Gewalt bringen und töten könnten.

Leider war unter den zwölf Jüngern tatsächlich ein Verräter. Es war Judas Iskariot. Er bot den Hohepriestern an, ihnen dabei zu helfen, Jesus zu ergreifen. Dafür bekam er dreißig Silberstücke.

Judas überlegte, wo und wann die beste Gelegenheit wäre, um Jesus möglichst unauffällig zu fangen. Dann sagte er: „Er geht am Abend oft mit uns in den Garten Getsemani, um ungestört zu beten. Da ist es dunkel und ihr könnt ihn leicht fassen."
„Wie sollen unsere Leute ihn denn im Dunkeln erkennen?", fragten die Hohepriester.
„Es ist der, den ich auf die Wange küssen werde", sagte Judas.

Das letzte Abendmahl

Nachdem Jesus und seine Jünger einen Lagerplatz vor der Stadt gefunden hatten, fragten Petrus und Johannes, wo sie das Paschamahl für ihn vorbereiten sollten. Das war bei dem Menschenandrang keine leichte Aufgabe.

„Geht in die Stadt zurück. Dort wird euch ein Mann begegnen, der einen Wasserkrug trägt. Folgt ihm, bis er in ein Haus hineingeht. Dann sagt zu dem Herrn des Hauses: Der Meister lässt dich fragen, wo der Raum ist, in dem er mit seinen Jüngern das Paschalamm essen kann. Der Hausherr wird euch einen Raum im Obergeschoss zeigen, der schon mit Polstern ausgelegt und für das Festmahl hergerichtet ist."

Die beiden machten sich auf den Weg in die Stadt und fanden alles so vor, wie es Jesus gesagt hatte. Als es Abend wurde, gingen alle in den vorbereiteten Raum. Ehe sie sich auf den Polstern niederließen, legte Jesus seinen Umhang ab, band ein Handtuch um die Hüften und wusch einem jeden seiner Jünger die Füße in der bereitgestellten Schüssel. Als Simon Petrus an der Reihe war, protestierte er und sagte:

„Herr, ich bin es nicht wert, dass du mir die Füße wäschst."

„Was ich tue, verstehst du jetzt nicht. Aber später wirst du es begreifen", sagte Jesus.

Als sie mit dem Essen begannen, sagte Jesus: „Es ist mir wichtig, dass ich dieses letzte Paschamahl mit euch einnehme. Denn ich werde es nicht mehr essen, bis ich im Reich Gottes bin." Dann nahm er das Brot, sprach das Dankgebet, brach das Brot und reichte es ihnen mit den Worten: „Das ist mein Leib, der für euch hingegeben wird zur Vergebung eurer Sünden. Tut dies zu meinem Gedächtnis." Nach dem Essen nahm er den Weinkelch und sagte: „Dieser Kelch ist der neue Bund in meinem Blut, das für euch vergossen wird."

Er erklärte den Jüngern, dass er jetzt den Weg gehen müsse, der von Gott für ihn bestimmt war. „Ein neues Gebot gebe ich euch mit auf den Weg", sagte Jesus. „Liebt einander so, wie ich euch geliebt habe. Daran wird man erkennen, dass ihr meine Jünger seid." Traurig fügte er hinzu: „Einer unter euch wird mich verraten!" Da waren alle aufgeregt und riefen betroffen: „Wer ist es? Doch nicht etwa ich?" „Der ist es, dem ich das Brot gebe", sagte Jesus. Er tauchte ein Stück Brot in den Wein und gab es Judas Iskariot. „Tu, was du tun musst." Da ging Judas beschämt hinaus.

„Auch ihr werdet weglaufen und mich verlassen", sagte Jesus. „Herr, ich bin bereit, mit dir ins Gefängnis und sogar in den Tod zu gehen", rief Simon Petrus. „Ich sage dir, Petrus, noch ehe der Hahn kräht, wirst du mich dreimal verleugnen", antwortete Jesus.

Im Garten Getsemani

Wenn Jesus in Jerusalem war, ging er zum Abendgebet gern in einen ruhigen kleinen Garten an den Hängen des Ölbergs. Dort standen alte Olivenbäume und eine Ölpresse aus Stein. Der Festtagstrubel aus der Stadt drang nicht bis in den stillen Hain, und man konnte gut nachdenken und zum Tempel hinüberschauen, der die Stadtmauern überragte.

Petrus, Jakobus und Johannes begleiteten Jesus, der jetzt Angst hatte vor dem, was ihm bevorstand.

„Bleibt bei mir und wacht", bat er.

Dann entfernte er sich etwa einen Steinwurf weit von ihnen, kniete sich auf die Erde und betete: „Mein Vater, wenn es möglich ist, dann lass dieses Leid an mir vorübergehen. Aber es geschehe nicht, wie ich will, sondern wie du willst."

Als er zurückkam, waren die Jünger eingeschlafen. „Konntet ihr nicht einmal eine Stunde für mich wach bleiben?", fragte Jesus enttäuscht. Und dann ging er noch mal weg, um zu beten. Wieder schliefen die Jünger, als er zurückkam. Und als es zum dritten Mal passierte, sagte Jesus: „Nun ist es sinnlos zu wachen, denn die Stunde ist gekommen, der Verräter ist da!"

Zwischen den Ölbäumen sah man jetzt die Lichter von Laternen heranschaukeln. Man hörte im Hintergrund das leise Klirren von Waffen. Judas trat aus dem Dunkel heraus, ging auf Jesus zu und begrüßte ihn mit einem Kuss auf die Wange. Das war das vereinbarte Signal! Jetzt stürzten die Diener der Hohepriester mit Schwertern und Knüppeln aus dem Schatten der Bäume hervor. Zwei von ihnen ergriffen Jesus. Petrus zog empört sein Schwert, um seinen Herrn zu verteidigen. Er hieb einem der Diener ein Ohr ab.

„Steck dein Schwert in die Scheide", sagte Jesus. „Denn alle, die zum Schwert greifen, werden durch das Schwert umkommen."

Und dann berührte er das Ohr und heilte den Mann, ehe er selbst weggeführt wurde.

Judas aber ging weg und weinte. Er sah jetzt, was er Schreckliches getan hatte. Aus Verzweiflung darüber nahm er sich bald darauf das Leben.

201

Petrus verleugnet seinen Herrn

Jesus wurde von den Wachsoldaten zum Haus des Hohepriesters Kajaphas gebracht. Der Rat hatte dort eine Eilversammlung einberufen, denn man wollte Jesus verurteilen, ehe die Nachricht von seiner Ergreifung zu einer Unruhe unter seinen Anhängern führen konnte. Durch Falschaussagen versuchten sie, Jesus in die Enge zu treiben. Zwei Männer traten vor, die behaupteten, Jesus habe gesagt, er könne den großen Tempel zerstören und in drei Tagen wieder aufbauen. Jesus schwieg zu diesen Vorwürfen. Aber als der Hohepriester fragte: „Bist du der Messias, der Sohn Gottes?", antwortete Jesus: „Du sagst es!"

Da zerriss der Hohepriester sein Gewand und rief: „Er hat Gott gelästert. Jetzt habt ihr es alle gehört. Wozu brauchen wir noch Zeugen? Er muss sterben!"

Dann spuckten sie ihm ins Gesicht und schlugen ihn.

Während im Palast des Hohepriesters diese schlimme Verhandlung stattfand, saß Petrus im Hof bei den Dienern und wärmte sich am Feuer. Er wich nicht von der Stelle, denn er wollte wissen, was mit seinem Herrn geschah. Plötzlich kam eine Magd auf ihn zu und fragte: „Sag, warst du nicht auch einer von seinen Jüngern?" Petrus erschrak und entgegnete rasch: „Ich – ich weiß nicht, wovon du redest!"

Als er zum Tor hinausgehen wollte, weil er Angst hatte, dass er auch verhaftet werden könnte, sagte eine andere Magd: „Ich hab dich doch unter seinen Jüngern gesehen!"

„Ich schwöre, ich kenne diesen Menschen nicht!", behauptete Petrus und lief hinaus. Draußen kamen wieder Leute auf ihn zu und sagten: „Du gehörst zu dem Galiläer! Dein Dialekt verrät dich."

Da versicherte Petrus wieder: „Ich kenne diesen Menschen nicht."

Kurz darauf krähte ein Hahn, und Petrus erinnerte sich, dass Jesus gesagt hatte: „Noch ehe der Hahn kräht, wirst du mich dreimal verleugnen."

Da wurde sein Herz schwer und er weinte sehr.

Jesus bei Pontius Pilatus

Im Morgengrauen fassten der Hohepriester Kajaphas und die Ältesten, also der ganze Hohe Rat, den Beschluss, Jesus dem Statthalter Pontius Pilatus auszuliefern. Denn nur der hatte vom Kaiser in Rom die Erlaubnis, ein Todesurteil auszusprechen. Sie brachten ihre Beschuldigungen gegen Jesus vor und untermauerten diese zum Teil durch falsche Zeugenaussagen.

„Dieser Mensch verführt unser Volk. Er will es davon abhalten, dem Kaiser Steuern zu zahlen. Er behauptet, er sei der Messias und der König der Juden!", behaupteten sie.

„Bist du wirklich der König der Juden?", fragte Pilatus.

Jesus antwortete: „Du sagst es."

Nachdem sich Pilatus alle Vorwürfe angehört hatte, fand er trotzdem nicht, dass ein Todesurteil angemessen sei. Aber die Menge bestand darauf, dass er Jesus verurteile.

Pilatus überlegte, wie er die Sache entscheiden sollte.

„Ihr habt behauptet, dieser Mann wiegle das Volk auf und wolle König werden. Nun gut, das wollen vielleicht viele. Aber der Angeklagte hat nichts getan, worauf die Todesstrafe steht. Ich werde ihn auspeitschen lassen. Das ist genug!"

Die Leute riefen: „Wir haben ein Gesetz, und nach diesem Gesetz muss er sterben, weil er sich als Sohn Gottes ausgegeben hat. Und was wird der Kaiser sagen? Jeder, der sich als König ausgibt, lehnt sich gegen den Kaiser auf!"

Jetzt war Pilatus unsicher. Er wollte nichts tun, was dem Kaiser missfiel.

Noch während er auf dem Richterstuhl saß, ließ ihm seine Frau ausrichten:

„Lass diesen Jesus frei. Er ist unschuldig. Ich hatte seinetwegen heute Nacht einen schrecklichen Traum."

Da hatte Pilatus eine Idee: Das Volk selbst sollte Jesus freilassen.

Es war nämlich Brauch, zum Paschafest einen Verurteilten aus dem Gefängnis freizulassen. Er wollte das Volk vor die Wahl stellen, ob es diesmal Jesus oder ein

Räuber und Mörder namens Barabbas sein sollte. Da musste ihnen die Entscheidung doch leicht fallen.

Er rief: „Wen wollt ihr, dass ich in diesem Jahr zum Paschafest freilasse: Jesus oder Barabbas?"

„Barabbas! Barabbas!", rief die von den Priestern aufgehetzte Menge.

„Und was soll ich dann mit Jesus tun?", fragte Pilatus.

„Kreuzige ihn! Kreuzige ihn!", riefen alle.

Pilatus fühlte sich unbehaglich. Er spürte, dass Jesus unschuldig war.

Doch die Menge forderte immer lauter: „Kreuzige ihn! Kreuzige ihn!"

Als Pilatus sah, dass der Tumult immer größer wurde, ließ er sich eine Schüssel mit Wasser bringen, wusch sich vor allen Leuten die Hände und sagte: „Ich bin unschuldig am Tod dieses Menschen. Es ist eure Entscheidung."

Er ließ Barabbas frei. Jesus wurde von Soldaten abgeführt.

Die banden ihn an eine Säule und peitschten ihn aus. Dann zogen sie ihm einen Purpurmantel an und setzten ihm eine Dornenkrone auf, verspotteten ihn und riefen: „Heil dir, König der Juden!"

Die Kreuzigung

Die Richtstätte lag draußen vor den Stadtmauern auf einem Berg, den man wegen seiner Form Golgota (Schädelhöhe) nannte. Das war ein trauriger und passender Name.

Der Weg dorthin war weit und schwer für die Verurteilten. Vor allem, wenn sie wie Jesus ihren Kreuzbalken selbst tragen mussten.

Weil Jesus unterwegs unter der schweren Last zusammenbrach, zwangen die Soldaten Simon von Zyrene, der gerade von der Feldarbeit nach Hause kam, das Kreuz für Jesus zu tragen.

Außer Jesus wurden an diesem Tag auch zwei Verbrecher hingerichtet.

Eine große Menge Schaulustiger hatte sich versammelt, um zuzusehen.

Die Menschen, die Jesus kannten und lieb hatten, standen in der Ferne beisammen und weinten. Seine Feinde aber verspotteten ihn weiter und sagten:

„Angeblich hat er so vielen geholfen. Jetzt soll er sich doch selber helfen, wenn er der König der Juden ist!", riefen die einen.

„Du wolltest doch den Tempel einreißen und in drei Tagen wieder aufbauen. Dann steig doch herab vom Kreuz", spotteten die anderen.

Oben am Kreuz war eine Holztafel angebracht. Auf der stand in Hebräisch, Lateinisch und Griechisch: Jesus von Nazaret, König der Juden.

Jesus hing viele Stunden zwischen den beiden Verbrechern am Kreuz.

Die vier Soldaten, die ihn ans Kreuz geschlagen hatten, teilten inzwischen seine Kleider unter sich auf. Sein schönes Untergewand wollten sie nicht zerschneiden. Deshalb würfelten sie darum, wem es gehören sollte.

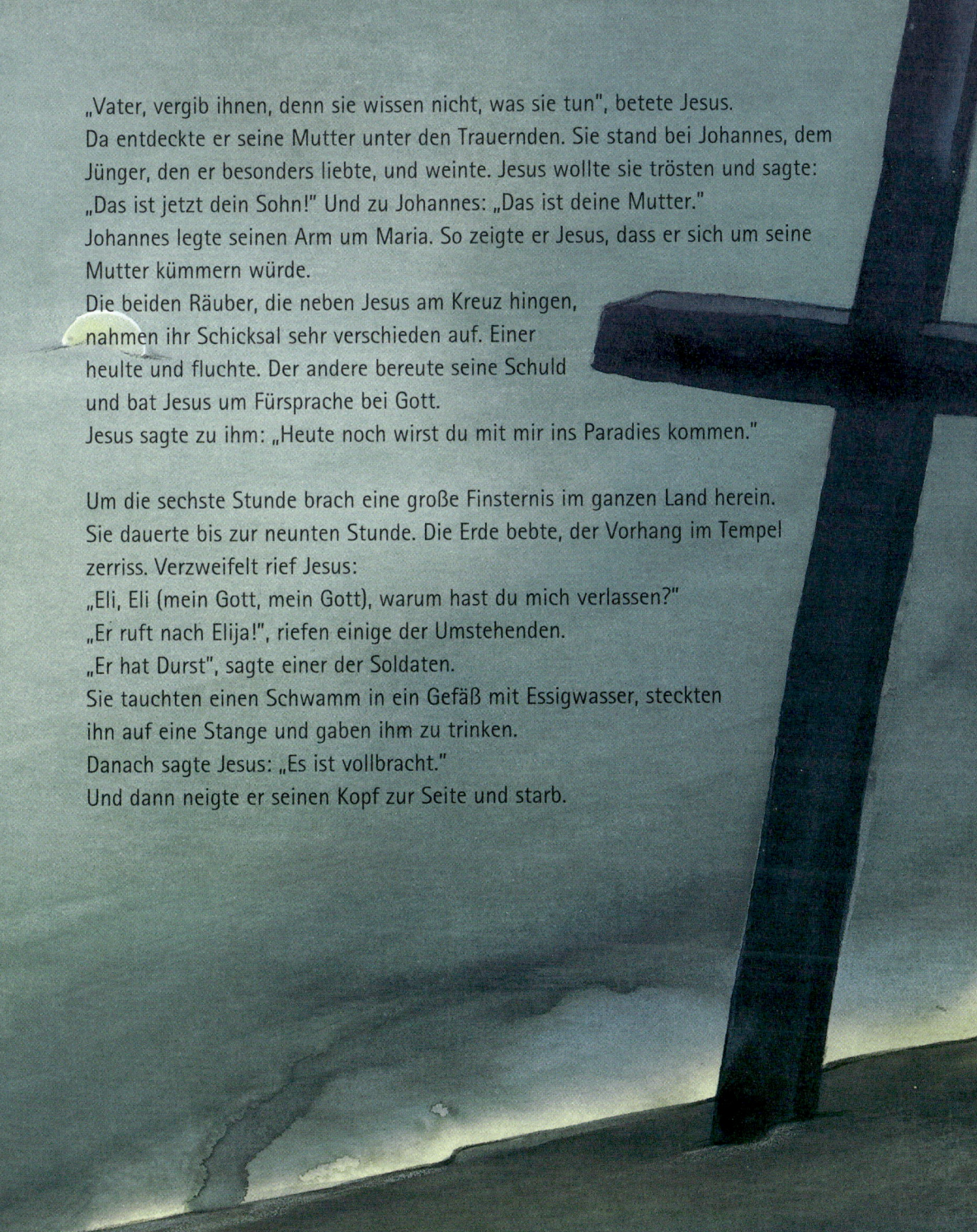

„Vater, vergib ihnen, denn sie wissen nicht, was sie tun", betete Jesus.
Da entdeckte er seine Mutter unter den Trauernden. Sie stand bei Johannes, dem
Jünger, den er besonders liebte, und weinte. Jesus wollte sie trösten und sagte:
„Das ist jetzt dein Sohn!" Und zu Johannes: „Das ist deine Mutter."
Johannes legte seinen Arm um Maria. So zeigte er Jesus, dass er sich um seine
Mutter kümmern würde.
Die beiden Räuber, die neben Jesus am Kreuz hingen,
nahmen ihr Schicksal sehr verschieden auf. Einer
heulte und fluchte. Der andere bereute seine Schuld
und bat Jesus um Fürsprache bei Gott.
Jesus sagte zu ihm: „Heute noch wirst du mit mir ins Paradies kommen."

Um die sechste Stunde brach eine große Finsternis im ganzen Land herein.
Sie dauerte bis zur neunten Stunde. Die Erde bebte, der Vorhang im Tempel
zerriss. Verzweifelt rief Jesus:
„Eli, Eli (mein Gott, mein Gott), warum hast du mich verlassen?"
„Er ruft nach Elija!", riefen einige der Umstehenden.
„Er hat Durst", sagte einer der Soldaten.
Sie tauchten einen Schwamm in ein Gefäß mit Essigwasser, steckten
ihn auf eine Stange und gaben ihm zu trinken.
Danach sagte Jesus: „Es ist vollbracht."
Und dann neigte er seinen Kopf zur Seite und starb.

Die Auferstehung

Josef von Arimatäa war ein Anhänger von Jesus, obwohl er ein Mitglied des Hohen Rates war. Allerdings hatte er das aus Furcht geheim gehalten. Jetzt ging er zu Pilatus und bat, den Leichnam von Jesus abnehmen und begraben zu dürfen, denn Gekreuzigte sollten nicht während des Sabbats am Kreuz bleiben.

Gemeinsam mit seinem Freund Nikodemus nahm er den Leichnam Jesu vom Kreuz und umwickelte ihn mit Leinen, wie es Sitte war. Dann legte er ihn in sein eigenes, neu aus dem Felsen geschlagenes Grab, das ganz in der Nähe in einem Garten war. Sie verschlossen den Eingang mit einem schweren Rollstein.

Als der Sabbat vorbei war, ging Maria aus Magdala mit zwei anderen Frauen zum Grab. Sie bemerkten, dass der schwere Rollstein beiseite geschoben war. Als sie hineinsahen, entdeckten sie die Leichentücher auf dem Boden. Das Schweißtuch, mit dem man das Gesicht von Jesus bedeckt hatte, lag ordentlich zusammengefaltet daneben. Aber der Leichnam war verschwunden. Wie konnte das nur geschehen sein?

Plötzlich traten zwei Gestalten in hellen Gewändern neben sie und sagten:

„Er ist nicht hier. Er ist auferstanden. Was sucht ihr den Lebenden bei den Toten?"

Maria lief aufgeregt zu Simon Petrus und Johannes und rief:

„Kommt schnell! Jemand hat unseren Herrn aus dem Grab geholt!"

Die beiden liefen sofort dorthin und sahen in das Grab hinein.

Maria von Magdala blieb noch beim Grab, als Petrus und Johannes weggegangen waren.

Sie weinte.

Plötzlich sagte eine Stimme neben ihr:

„Warum weinst du?"

Maria dachte, es sei die Stimme des Gärtners, und antwortete: „Jemand hat meinen Herrn weggebracht. Wenn du es warst, dann sag mir, wo du ihn hingebracht hast."

Da sagte die Stimme: „Maria!" Und sie erkannte, dass Jesus mit ihr sprach.

Unterwegs nach Emmaus

Am Sonntag nach der Kreuzigung gingen zwei der Jünger von Jerusalem nach Emmaus, einem kleinen Ort, der ungefähr zwölf Kilometer von der Hauptstadt entfernt lag. Sie waren über zwei Stunden unterwegs und redeten über die aufregenden Ereignisse der letzten Tage. Sie konnten es immer noch nicht fassen, dass Jesus jetzt nicht mehr bei ihnen war. Während sie miteinander diskutierten, kam ein Fremder des Weges und lief eine Weile neben ihnen her.

„Worüber sprecht ihr und weshalb seid ihr so traurig?", fragte der Fremde.

Sie blieben überrascht stehen, und der eine der beiden, der Kleopas hieß, antwortete: „Bist du so fremd hier in Jerusalem, dass du nicht mitbekommen hast, was am letzten Freitag passiert ist?"

„Nun, was ist denn passiert?", erkundigte sich der Fremde.

„Die Verurteilung von Jesus aus Nazaret! Er war ein Prophet. Er hat Gottes Wort verkündigt. Doch unsere Hohepriester und Führer haben ihn zum Tod verurteilt und ans Kreuz schlagen lassen. Das ist schrecklich! Denn wir haben alle gehofft, dass er der Messias ist, der Israel retten wird."

„Heute ist schon der dritte Tag, dass er tot ist!", fiel der andere seinem Begleiter ins Wort. „Und außerdem haben uns einige Frauen aus unserem Bekanntenkreis in große Aufregung versetzt. Sie waren im Morgengrauen am Grab und fanden es leer. Als sie zurückkamen, sagten sie, es sei ihnen ein Engel erschienen, der habe gesagt, dass Jesus lebe. Aber keiner hat Jesus bisher gesehen."

„Es fällt euch wohl sehr schwer, zu glauben, was die Propheten gesagt haben", antwortete der Fremde. „Der Messias musste das alles erleiden. So steht es in der Schrift." Und dann erklärte er ihnen, was bei Mose und den Propheten über den Messias geschrieben steht.

Als sie in Emmaus ankamen, wurde es dunkel.

Der Fremde wollte sich verabschieden, aber die Jünger sagten:

„Herr, bleibe bei uns, denn es wird bald Abend und der Tag geht zu Ende."

Da ging er mit ihnen.

Als sie zusammen beim Abendessen saßen, nahm der Fremde das Brot, dankte Gott und brach es in Stücke, die er ihnen gab.

Da ging den beiden Jüngern endlich ein Licht auf. Sie erkannten Jesus, aber im gleichen Augenblick war er verschwunden. Genauso plötzlich wie er aufgetaucht war.

Noch in derselben Stunde brachen sie auf, um nach Jerusalem zurückzukehren und den anderen von ihrem Erlebnis zu berichten.

Jesus erscheint allen Jüngern

Kleopas und sein Weggefährte fanden die elf Jünger und andere Freunde von Jesus in Jerusalem versammelt. Noch bevor sie ihre Neuigkeit loswerden konnten, erzählten die anderen schon: „Stellt euch vor, Jesus ist dem Simon erschienen!"

„Wir haben ihn auch gesehen!", sagte Kleopas und berichtete von ihrer Begegnung mit Jesus in Emmaus.

„Wir haben ihn erst erkannt, als er das Brot brach", gestand Kleopas.

Während sie noch eifrig über das Vorgefallene diskutierten, erschien Jesus in ihrer Mitte und sagte zu ihnen: „Friede sei mit euch!"

Sie erschraken und hatten große Angst, weil sie dachten, es sei ein Gespenst aufgetaucht.

Jesus sagte: „Warum habt ihr solche Zweifel in euren Herzen? Ich bin es selbst. Seht euch doch meine Hände und Füße an. Fasst mich doch an. Ich habe Fleisch und Knochen und bin kein Geist."

Sie berührten ihn, staunten und konnten es immer noch nicht fassen.

„Ich bin hungrig, habt ihr etwas zu essen für mich?"

Sie gaben ihm ein Stück von ihrem gebratenen Fisch. Den verspeiste er vor ihren Augen. Dann erklärte er ihnen die Heilige Schrift und den Sinn dessen, was geschehen war:

„Es heißt bei Mose und den Propheten: Der Messias wird leiden und am dritten Tage von den Toten auferstehen. In seinem Namen wird man allen Völkern verkünden, dass sie umkehren sollen, damit ihnen ihre Sünden vergeben werden. Ihr seid meine Zeugen. Bleibt in der Stadt, bis ihr mit der Kraft aus der Höhe erfüllt werdet."

Dann führte er sie hinaus vor die Stadt in die Nähe von Betanien. Dort segnete er sie. Dann wurde er in den Himmel emporgehoben.

Seine Freunde kehrten voller Freude nach Jerusalem zurück.

Das Pfingstereignis

Danach versammelten sich die Jünger bei Petrus und beteten jeden Tag. Und damit sie wieder zwölf Hauptjünger waren, wählten sie Matthias, der den Platz des Verräters Judas einnehmen sollte. Die Zwölf wurden später Apostel (Sendboten) genannt.

Als die Jünger an Pfingsten zur Feier des jüdischen Erntefestes zusammensaßen, hörten sie plötzlich ein Brausen vom Himmel. Es klang wie ein heftiger Sturm. Dieses Brausen erfüllte das ganze Haus.

Feuerzungen erschienen über den Jüngern, ließen sich auf ihnen nieder und erfüllten sie mit dem Heiligen Geist. Die Jünger begannen in fremden Sprachen zu reden, wie es der Geist ihnen eingab.

In Jerusalem lebten damals Menschen aus aller Welt, die in den unterschiedlichsten Sprachen redeten. Als sie das Getöse hörten und zum Haus der Jünger liefen, hörte jeder sie in seiner eigenen Sprache reden.

Die Leute gerieten außer sich vor Staunen und riefen: „Sind das nicht Galiläer? Und doch reden sie wie Parther, Römer, Meder, Kreter und Elamiter. Sie sprechen wie Leute aus Mesopotamien, Kappadozien, Phrygien, Ägypten, Libyen oder der Provinz Asien! In allen Sprachen verkündigen sie Gottes Wort!"

Wie die anderen Apostel ging Petrus durch die Stadt und predigte. Er erzählte von Jesus von Nazaret und von den Wundern, die er vollbracht hatte. Und wie er gekreuzigt worden war und wiederauferstanden ist.

„Bereut eure Sünden, lasst euch taufen im Namen von Jesus Christus, und der Heilige Geist wird mit euch sein." Petrus redete wirklich mit Engelszungen. Die meisten Leute hörten ihm aufmerksam zu. Und diejenigen, bei denen seine Worte auf fruchtbaren Boden fielen, ließen sich taufen. An diesem Tag wuchs die Gemeinde um etwa 3000 Mitglieder.

Und von diesem Tag an zogen die Apostel in alle Welt hinaus, um allen Völkern das Evangelium zu verkündigen.

Aus Saulus wird Paulus

Die Apostel hatten viele Feinde, die sie verfolgten. Einer der schlimmsten
Verfolger war Saulus. Er drohte den Anhängern von Jesus mit Mord und
Totschlag. Er ging zum Hohepriester in Jerusalem und erbat von ihm Vollmachten
und Briefe für die Synagogen in Damaskus, damit er die Anhänger des neuen
Glaubens dort festnehmen und nach Jerusalem bringen konnte.
Dann ritt er los.
Unterwegs, als er schon kurz vor Damaskus war, zuckte plötzlich ein Blitz vom
Himmel, ein helles Licht blendete ihn. Er stürzte vom Pferd. Eine Stimme sagte:
„Saul, Saul, warum verfolgst du mich?"
Saulus hielt die Hand vor die Augen, weil ihn das Licht blendete, und sagte:
„Wer bist du, Herr?"
„Ich bin Jesus, den du verfolgst", antwortete die Stimme. „Steh auf und geh in
die Stadt. Dort wird man dir sagen, was du zu tun hast."
Die Begleiter des Saulus standen sprachlos daneben. Sie hörten zwar die Stimme,
sahen aber niemanden.
Saulus erhob sich vom Boden. Als er seine Augen wieder öffnete, sah er nichts.
Seine Begleiter nahmen ihn an der Hand und führten ihn nach Damaskus hinein.
Drei Tage war Saulus blind. Er aß und trank nichts.

In Damaskus lebte zu der Zeit ein Jünger mit dem Namen Hananias. Zu dem sprach Jesus: „Hananias, geh zur Geraden Straße in das Haus des Judas und frage nach dem Saulus aus Tarsus. Er betet gerade und hat eine Vision, dass ihm ein Mann namens Hananias die Hände auflegen wird, damit er wieder sehen kann."

„Herr, ich habe gehört, wie viel Unrecht dieser Saulus den Christen in Jerusalem angetan hat. Er hat sogar die Vollmacht vom Hohepriester, auch hier alle zu verhaften, die deinen Namen anrufen."

„Geh nur. Diesen Mann habe ich als Apostel auserwählt. Er soll mein Wort zu Königen und Völkern tragen. Und ich werde ihm auch zeigen, wie er für meinen Namen leiden muss."

Hananias ging zu Saulus, legte ihm die Hände auf und sagte:

„Bruder Saulus, der Herr hat mich gesandt. Du sollst wieder sehen und mit dem Heiligen Geist erfüllt werden."

Sofort konnte Saulus wieder sehen. Er blieb einige Tage bei den Jüngern. Dann ging er in die Synagogen und verkündete, dass Jesus Christus der Sohn Gottes sei.

Die Juden, die das hörten, regten sich auf und sagten: „Ist das nicht der Saulus, der alle vernichten wollte, die den Namen Jesus Christus auch nur aussprechen? Aber Saulus ließ sich nicht beirren. Mit lauter Stimme verkündete er allen in Damaskus, dass Jesus Christus der Messias sei. Er nannte sich jetzt nicht mehr Saulus, sondern Paulus, das ist die lateinische Form seines Namens.

Nach einiger Zeit beschlossen die Juden von
Damaskus, Paulus zu töten. Sie bewachten Tag und
Nacht die Stadttore, um ihn zu fangen, falls er die
Stadt verlassen sollte. Aber seine Jünger hatten einen
klugen Plan: Sie setzten ihn in einen Korb und ließen
ihn an der Stadtmauer hinunter.
So kam er wieder nach Jerusalem.
Aus dem kriegerischen Saulus war der Apostel
Paulus geworden. Er verkündete Gottes Botschaft
in Worten und Taten in der ganzen Welt.
Das bezeugen auch die Briefe, die Paulus
an die Römer, Korinther, Philipper,
Galater und andere Gemeinden schrieb
und in denen man viel vom Leben,
von den Problemen und Glaubensfragen
der ersten christlichen Gemeinschaften in Italien,
Griechenland und Kleinasien erfährt.

219

Liebe Kinder,

seit Paulus mit dem Korb von der Mauer abgeseilt wurde, sind fast 2000 Jahre vergangen. Und alle Ereignisse, von denen im Neuen Testament berichtet wird, liegen genauso lange zurück. Sie passierten ja alle in der Zeit, in der Jesus lebte. Jesu Geburt ist uns so wichtig, dass wir von da an die Jahre zählen. Unsere Zeitrechnung beginnt damit zwischen dem Alten und Neuen Testament im Jahr null. Die Geschichten aus dem Alten Testament stammen aus den vier Jahrtausenden vor Christi Geburt. Ein Teil unseres Alten Testaments war die Bibel Jesu, die Tora der Juden. Aus diesen Heiligen Schriften wurde in Synagogen und im Tempel vorgelesen. Darüber hat Jesus mit den Schriftgelehrten diskutiert.

Als Abraham – der Stammvater des jüdischen Volks - vor etwa 4000 Jahren aus Mesopotamien, dem Land zwischen Euphrat und Tigris, das heute Irak heißt, mit seinen Herden nach Kanaan am Mittelmeer zog, hatten die Menschen noch keine Bücher. Aber sie hatten ein gutes Gedächtnis für Geschichten. Die Geschichten von Adam und Eva im Paradies oder von Noah und seiner Arche hatte Abraham bestimmt schon von seinem Vater oder Großvater am Lagerfeuer gehört.

Mose, der etwa vor 3250 Jahren, zur Zeit des ägyptischen Pharaos Ramses II. gelebt hat, schlug die Gesetze Gottes laut der Bibel in Steintafeln. Vielleicht in einer Art Keilschrift, wie es König Hammurabi von Babylon fünfhundert Jahre vorher mit seinen Gesetzen getan hat? Die Stein-Stele von Hammurabi hat man gefunden und kann sie im Louvre in Paris besichtigen. Wenn man die Gesetzestafeln von Moses auch eines Tages fände, wäre das eine Sensation! Falls ihr Archäologen werdet, könnt ihr ja danach suchen!

Ein paar hundert Jahre später wurden Pergament (Tierhaut) und Papyrus als Schreibmaterial erfunden und die Juden schrieben die biblischen Geschichten in hebräischer Sprache auf große Schriftrollen. Später, als viele Juden die hebräische Sprache nicht mehr verstanden, wurden die Texte ins Griechische übersetzt. So kam die Bibel auch zu ihrem Namen. Die Griechen leiteten dieses Wort von der Hafenstadt Byblos ab, die der Hauptumschlagplatz für Papyrus war. Aus „Papyrus" entstand übrigens unser heutiges Wort „Papier".

Da es bis ins 16. Jahrhundert noch keinen Buchdruck gab, mussten die Bibeltexte im Laufe der Jahrhunderte immer wieder mit der Hand abgeschrieben werden.

Jeder weiß, wie leicht man beim Abschreiben Fehler machen kann! Aber im Jahr 1947 machte ein Hirtenjunge eine aufregende Entdeckung. Er fand in einer Höhle in der Wüste bei Qumran am Toten Meer 2000 Jahre alte Schriftrollen mit fast allen Texten des Alten Testamentes. Sie beweisen uns heute, wie genau sich die Kopisten an die alten Vorlagen gehalten haben!

Später wurde die Bibel ins Lateinische übersetzt, die Verwaltungssprache des Römischen Reiches, die fast überall im Mittelmeerraum verstanden wurde. Die Texte wurden nun nicht mehr auf Schriftrollen geschrieben, sondern in schöner Schrift auf Pergament gemalt und zwischen Holzdeckeln zu Büchern gebunden. So ein handgeschriebenes Buch kostete allerdings ein Vermögen. Überlegt mal, wie lange ihr brauchen würdet, um die Bibel abzuschreiben! Die wenigen Exemplare dieser alten Bücher, die noch erhalten sind, kann man heute in Museen bewundern.

Bis ins späte Mittelalter mussten alle Priester auf der Welt Latein lernen, um die Bibel zu verstehen. 1382 gab es die erste Bibelübersetzung in Englisch von John Wycliff. Sie war noch mit der Hand geschrieben. Nachdem Gutenberg um 1454 in Deutschland den Buchdruck mit beweglichen Bleilettern erfunden hatte, wurden Bücher auch für normale Leute erschwinglich. Martin Luthers deutsche Übersetzung der Bibel wurde so am Anfang des 16. Jahrhunderts zum ersten Bestseller. Heute ist die Bibel das am meisten verbreitete Buch der Welt und in über 1900 Sprachen und Dialekte übersetzt. Fast jeder kann sie in seiner Muttersprache lesen. In dieser Kinderbibel habe ich eine Auswahl der bekanntesten Geschichten aus der Bibel für euch nacherzählt. Wollt ihr mehr wissen? Dann seht euch das Inhaltsverzeichnis an. Dort sind die Stellen angegeben, an denen ihr die Originaltexte in der Bibel finden könnt. Ihr könnt auch die Landkarte studieren. Viele der Orte, in denen Jesus gelebt hat, gibt es heute noch. Zum Beispiel Jerusalem, Betlehem und Kapernaum am See Genezaret. Ich bin selbst dort gewesen und auf den Spuren der Bibel gewandert. Und ich habe gespürt, dass die Botschaft vom Frieden auf Erden heute so wichtig wie damals ist.

Ursel Scheffler

Das Heilige Land